成功する男は女を守る

里中李生

SOGO HOREI PUBLISHING CO., LTD

はじめに　この世界は矛盾に満ちている

本書は「フェミニズム」という暴走した思想の矛盾点を的確に、分かりやすく突いた書である。

本題に入る前に、私は人間を軽蔑しているという本心を語る。

自分たちは地球上最も優秀だと豪語し、地球の自然を破壊し続ける。北極はもはや北極の姿を失い、超大型台風が日本に何度も上陸し、猛暑で子供たちは倒れていく。先進国に追い付こうとする中進国では、市街地の空気は煙草の煙と同じくらいに汚染され、絶滅寸前の動物が密猟され、絶滅する。無論、人間は自分たちが生き残っていればよくて、川も海も平気で汚す。日本ではニホンカワウソもういない。国家規模のイベントがあるたびに森林を伐採。その国に森林が足りなくなれば、貿易と称して森が多い南の島から森林を切り取ってくる。

干ばつ、大雨が続き、人々は天を仰ぐ。

「神様、助けてください」

そんな身勝手なお願いがあるのかと言いたい。

身勝手の次は矛盾だ。

先程、コンビニに行ったら煙草が売っていた。とても体に悪く発がん性があると、手前のポップに記されていた。それが誰もが訪れることのできるコンビニに置いてある。

お酒に至っては、ネットで調べても分かるように、マリファナよりも体に悪い。日本ではお酒が原因の、暴力、レイプ、殺人、飲酒運転、パワハラの絡み酒などが横行している。その上、ウォッカやウイスキーなどの強いお酒に食道がんを誘発され、ワインの飲み過ぎでは肝臓をやられ、ビールでお腹を冷やして大腸をやられる。

しかし、植物から安易に摂《と》れる大麻などの嗜好品は、経済的に邪魔なために非合法化されているようだ。アルコールは大企業が儲かるから合法になっているに過ぎない。

覚せい剤の話ではなく、しかし、日本人の大衆のほとんどは覚せい剤も大麻もＭＤＭ

Aも同じようなものだと思っているだろう。

日本では大麻などの植物性の嗜好品（ドラッグ）を手にした者を、殺人犯のように叩き、アルコールの泥酔《でいすい》で迷惑を掛けることはもちろん、犯罪の原因がアルコールだったとしても、アルコール自体を叩く者はいない。大学のサークルで飲酒後のレイプ事件があっても、ビールのCMは中止にならない。そう、CMでは、タレントが爽やかな笑顔でお酒を飲んで宣伝している。

大麻などは法律で規制しているから、地下組織によって高額で取引されてしまう。これは女子高生のセックスを規制しているのと同じだ。

人間は、金のためであれば、道徳を語りながら平然と悪の温床をスルーするのだ。

日本の大人は非常に勉強不足だ。「良い子ちゃん」とも言える。大学を卒業したら、もう本は読まず、社会問題は上辺しか知らない。

諸外国で大麻は合法化に傾いているが、テレビのコメンテーターはそれを悪徳だと叫ぶ。合法化されたアメリカの一部の州などの話をするが、オランダの話には触れない。

私はこんな記事を読んだ。

「(あなたの言う通りだ) 大麻はさほど、体には悪くない。米国でアルコール禁止を解いたときに標的にされたのだ。経済的な問題だ。繊維などにも使われてしまっては化学製品が生産しにくくなる。しかし、マリファナを朝から吸ったら勤労意欲がなくなる。それは良くないではないか」

私は頭の中で切り返した。

「お酒を朝から飲んでも勤労意欲はなくなる」

芸能人のスキャンダルに対して、大衆、いわゆる「愚民」の石の投げ方はいい加減で、まるで勉強不足で、「私は清廉《せいれん》潔白」で、自分も浮気をしたことがあったり、セックスに至らなくても「メンタルビッチ」さながらに遊んでいるのに不倫は極悪であるかのように叩き、何も勉強せずに「大麻はひどく依存性がある」と怒る。

日本の庶民が最も依存しているのはパチンコで、パチンコでどれくらいの家庭が崩壊しているか、そこを社会問題にはしない。真夏にパチンコをしている夫婦の犠牲になる子供がいるではないか。車の中で死ぬのだ。

しかし、パチンコを規制することはない。その猿と変わらないほど頭が悪い夫婦に殺された子供のニュースも一日で消えるが、芸能人のスキャンダルは延々と報道を続ける。


大阪でブロック塀の下敷きになって亡くなった少女がいた。数年前だ。学校の塀だ。学校を男たちに覗《のぞ》かせないために、少女が亡くなった。

見えるものがそこにあったら、学校に限らず見るのは当たり前だ。体育の校庭を見たらそれがイコール性犯罪に繋がるという統計はない。

しかし、「性犯罪者予備軍の男たちから学校の女児を守る」という大義名分は大いに賛同され、そのせいで一人の少女の尊い命が消えた。手抜き工事と実際に学校を覗く男たちのせいに見えるが、真の責任はフェミニズムという思想にある。

次の言葉を、本書で何度か繰り返すことになる。


結果には原因がある。

原因をたどれば、その類の事故、事件は、ほとんどがフェミニズムに起因していることが分かる。後に語るが、クレオパトラの時代まで遡《さかのぼ》るのではなく、資本主義社会と民主主義が確立した十九世紀くらいまで遡るということだ。

この国の愚民が注目し、騒ぐことは、芸能人か大物政治家の不祥事、ちょっとしたブラックジョーク、成功者の失敗、不倫、破局……、ああ、歳の差の結婚にも目くじらを立てている。先に言ったように、環境破壊は他人のせい。私も含め、大量にペットボトルを消費している我々人間は、地球が怒り出しても文句など言えないのだ。

本書は、フェミニズムの「矛盾」を詳しく、分かりやすく解説している。あなたたちが、本物の恋愛と成功をしたがっていても、どれくらいフェミニズムが邪魔をしているのか知ってほしい。多くの自己啓発には根拠などない。だから勉強不足の日本人は、たまにはこのような根拠が多い本を読んだほうがいいのだ。

「夢を追い続ければ必ず叶う」

ほら、何の根拠もない。

だが、勉強をしている人たちは、それに社会問題や研究の理論、持論を上書きし、夢を叶えるのだ。

自己啓発をいくら読んでも成功しない人は、私の本だけではなく、人類学などを読んだほうがいい。フェミニズムに関する本は、林道義《はやしみちよし》氏の本をはじめ、潰されていくので、私が悪役を買って出た。そうした行為を「偽悪」と言うが、自分で言っては笑われるので、今までに使っていなかった。

しかし、堪忍袋の緒が切れた私は、本書でかなり辛辣《しんらつ》にフェミニストたちを叩いている。

フェミニズムの犠牲になっているのは、巡り巡って少女たちだ。

フェミニストは女の子たちを守っているふりをして、実際にそんな気は毛頭ない。イデオロギーなど大半がお金のためだ。

諸悪の根源になっている社会問題を知り、勉強し、しかし、普段私と遊んでいるときにはそのことを口にはせず、黙って弱い人に手を貸し、男らしさを残している男性の友人たちと、「里中さんのその痛みを癒す」と宣言してくれる女性とだけ、私は付き合っている。そのほんのひと握りの人たちと、会ったことはないが私と同じ考え方の人たちがきっといる。その人数は手の指で足りるくらいだが、十分、充実した生活をしている。

近寄らないでほしい。
世の中の矛盾を知らない人間は。
傷ついたことがない人間は。

最後に、隠していたことを言うと、実は私には痛み止め薬のアレルギーがある。バファリン、ロキソニンを飲んだら死ぬ。私が頭痛に苦悶して書いた原稿の誤字は、きっと優秀な編集者が直してくれているのだ。
そして私は親知らずを抜いたこともあるし、大手術もしたことがあるし、最近ではボルダリングで靭帯《じんたい》を断裂した。

これらの治療もすべて痛み止めなしだ。痛み止めが使えない苦しみ、いや地獄を知っていますか。

これはマイノリティだと思うが、今やマイノリティといえば同性愛者、性同一性障害者に特化してしまっていて、ほかのマイノリティは忘却されている。

ある病院で、「まだ若いんだから痛みを我慢しようよ」と医師に言われた。私が肩を落としていたら、その医師は「(医療用）大麻があったらねえ」と苦笑いをした。

ある成功者の男はこう言った。

「それでも里中さんは、ドラッグに手を出さない。あんなの簡単に入手できるでしょ」

意志が強ければ、何事も自分でコントロールできる。

その強さを、あなたたちも持っている。

本書はフェミニズムという暴走した思想に対する怒りに満ちているが、しかし私はその怒りを息子や友人にぶつけたりしない。

私が冷静なのは強いからではなく、もうこの時代をあきらめているからかもしれない。しかし勉強は続けて、あなたたちがあまり見かけることのないアドバイスを続ける人生を歩みたい。

その私のストレスは、わずかな男の友人たちと美しい女が癒してくれている。

里中李生

はじめに　この世界は矛盾に満ちている　2

第一部　「男女平等」の矛盾

「その先」を考えない無計画な思想　16
矛盾に気付き始めた女性たち　22
淘汰《とうた》される「主婦」という生き方　33
「女らしさ」に疲れ切っている女たち　38
育児放棄の妻をどう注意すればいいのか　43
子供への虐待も「男のせい」　59
バカな女を注意できない時代　66
女性が愛のないセックスを繰り返す理由　76
顔が醜い女子は無視するフェミニズム　88
不倫は「悪」か　97
偽善の匂いが漂う父親の育児休暇　107
問題の根を捉えて正しさを主張しろ　119

第二部

「男の役割」「女の役割」

「私は女です」が男女の優しさを生む　128
なぜ富豪が女性蔑視《べっし》の発言をするのか　138
男女同化が危機管理能力を奪う　146
女性を危険に晒《さら》して平気な男たち　153
狭い場所でもいいから男はトップに立て　160
男の野心と器量が女を守る　172
セックスの本質　179
女性の「美の価値」を捉え直す　186
男女は優劣を繰り返して愛し合う　197
父親として、母親として　203
男女がお互いをリスペクトするために　212

の矛盾

第一部

「男女平等」

「その先」を考えない無計画な思想

「女性兵士」で検索してみてほしい。

「美しい女性兵士たち」という画像がいっぱい出てくる。

北朝鮮のような国の女性兵士では、その「美しさ」が別の意味となっているが、それはつまり、美人なのにこんなに痩せてしまっていて、という憐憫《れんびん》だ。

しかし、他国の美人女性兵士に対する言葉は違う。

賛美なのである。

「女優みたいにキレイ」「すごい美人」「かっこいい」

このような画像と言葉がネットにたくさんあり、それを見ていて、何も感じないのだろうか。喉に食べ物が詰まったような不快感はないのだろうか。

世界の先進国は、「戦争反対」「女性への暴力は絶対に禁止」で突き進んでいる。後者はほぼ確立された。女性に暴力はもちろん、暴言すら許されない。皮肉を言うと、男の金でタダ食いしている出会い系アプリの女に「金を返せ！」と怒鳴っても駄目で、労働に疲れた夫の世話もサボっている妻の躾のために腕を掴んで玄関から放り出してもＤＶ確定である。会社で、会議に毎回遅刻してくる女子社員を強く説教したらパワハラにもなる。

なのに、「女性兵士が美しい！」。

英国のある新聞にこんな記事があった。

「英国では、女性兵士を最前線に送らないことにした。女性兵士が負傷したときに、男性兵士には同性の兵士が負傷した場合とは違う感情が出てしまい、戦闘力が弱化する。無論、戦場が劣悪化してきたらほかのトラブルも発生する」

男たちが女性に優しいことと、レイプもあるかもしれないことの両方を記述していたが、最後のほうに、（他国のことだと思うが）「最前線に送らなくても亡くなっている女性兵士は多い」とあった。ミサイル攻撃などによってだろうか。

戦争は国家のためで、徴兵もその理由で、だから女性も戦場に送っていいのだったら、「国家のためなら女性が暴力を受けるのは全く問題はなく、個人が暴力を受けるのだけが問題なんだよ」とフェミニズムの方たちには声高に声明文でも出してもらいたい。

無論、そうなのだろう。小国の美人兵士画像が載せられたどこかの記事に、一般の人が「男性兵士が不足しているから、こんなにキレイな女が兵士になるんだろうな」とコメントを書いていた。そうかもしれない。しかしそれなら、「国家のためなら、女たちは暴力の餌食になっても構わない」ということなのだ。

フェミニストたちが、「そんなことはない。こちらも残念だと思っている」と言ったら、それはフェミニズムの本末転倒の言葉になってしまうほど、「女性兵士誕生」を彼ら、彼女らは喜んでいる。

もっと指摘すると、「美人兵士」を絶賛してその画像を誰かが拡散していることをフェミニズムの団体などが批判しないなら、それも大いなる矛盾である。何しろ「美人兵士」という時点で性的対象になっているのだし、「美人なら兵士になって戦場に行ってもかっこいい」というニュアンスがあったら、まさに女性軽視ではないか。顔だけで語られているのだから。

銃撃戦での腕はどうだ。重い物を男性兵士と同じ力で運べるのか。後者については先に書いた英国の新聞記事に記述されていた。

「男性の上官は、女性の部下を見ると、彼女に命令せずに近くにいる男性の部下に重い銃器などを持たせようとする」

その女性兵士に腕力があるかないかは関係なく、そうなってしまうのだ。

部下の女性兵士が美人だったら、もっと上司の男は甘くなるだろう。しかしそれは、男性の本能であって、どうにもならないのだ。

この世界は矛盾に満ちている。

英国のそのまっとうな記事は、明らかに男女は区別されて仕方ないものだと言っていて、男女の区別をしてはいけないのなら、それに猛抗議しないといけない。

それはもういいとして、世の中の男女間の矛盾のすべてはフェミニズムと新手のリベラルが構築した。

女子がかわいい洋服を着て、褒められてそれがうれしくて、なのに、その洋服が学生服や制服となると、性的な目で男が見ているとフェミたちは糾弾する。学校や職場はプライベートとは違うとはいえ、戦場の問題でもそうだが、男が女子を衣服越しにも性的な目で見てしまうのは、ホモサピエンスが国家を建設して以来だろうから、三千年以上になる。

それを職場だろうがどこだろうが、「ダメ」にするのは不可能に近い。その証拠が、戦場で男性の同僚や上官が女性兵士に甘くなる、という現実だ。

つまり、男性が女性に甘くなるということは、男女を区別しないのは不可能だということを表している。

ここは短くまとめよう。もっと身近な問題で、くだらないフェミニズムの蔓延《まんえん》がある。くだらないが、生活に悪影響を与えている。

要は、フェミニズムの行き過ぎた思想は……あくまでも、「行き過ぎた」だが、

先のことを全く考えていないのだ。

女性兵士が誕生して万歳三唱し、その先のことなど考えていない。その先、女性が戦場に行ったら、何が起こるか考えていない。そして女性を守るはずのフェミニストたちは、女性が戦死するその職業を容認している。

この世界は矛盾に満ちている。
その矛盾のほとんどをフェミニズムが考案した。男を混乱させる見事なアイデア。
私はその無計画な頭の悪さを絶賛する。

矛盾に気付き始めた女性たち

「ハウスワイフ」という言葉がある。

専業主婦のことだ。

日本では、カタカナを流行《はや》らせるのは、「イクメン」のように男性が女性化することや「ジェンダーフリー」のように女性が社会で活躍することばかりで、昔の女性の生活を表したカタカナは流行らせない。「オモテナシ」が流行ったとはいえ、友達をおもてなしした女子は少ない。

アメリカでは、こうした流れと逆行する動きが見られる。

エリート街道を目指し、高学歴を得て、大手の企業に就職した若い女性たちが、それをつまらないことと考え、「新しいフェミニズム」としてハウスワイフを満喫して

いる。

「新しいフェミニズム」という言葉が盛んに使われているが、昔のフェミニズムとは全く違うから、まさに新しい言葉を作ったほうがいいと思っている。「フェミニズム」という言葉の印象が良くないことは彼女たちも気付いているようなので。

彼女たちは、フェミニズムが台頭し始めた頃に、自分の母親が「仕事の出世、恋愛、結婚、子供」のすべてを得るために、その自由を幸せだと勘違いし、家庭でやるべきことを放棄し、さらに仕事で体を壊していくのを見て、母親たちを反面教師にした若い主婦たちだ。三十歳から四十歳と言っておく。

つまり、昔のフェミニズムの名著を否定する高学歴の女性たち。その行動と信念は、様々な社会問題が融合して、出来上がった。

「会社ではパワハラ。育児休暇も取れない」

「『セックス・アンド・ザ・シティ』なんてドラマが大ヒットしたがバカげている」

「地球環境の悪化から子供を守らないといけない」

「出世のためにストレスを溜め労働することに、幸せは見出せない」

「街に売っている食べ物が非常に体に悪い」

などである。

会社に行ったら、労働で疲労困憊《こんぱい》。デスクワークでも肩凝り、腰痛、目の疲れで息切れする。帰宅途中にはハリケーンがやって来て、飛び込んだスーパーの食べ物には添《てん》加《か》物がいっぱい。休みが取れたら、今度は大雪で身動きが取れず、家でじっとしていても子供は反抗するばかり。

「なぜ、子供はこんなに反抗的で暴力的なのだろうか。私たちも子供の頃はこうだったのか」

夫も仕事があり、それなりに疲れている。

二重、三重のストレスに苛《さいな》まれて、「フェミニズムは間違っていた」という結論に至った。

もともと利発な女性たちだから、余計に「これ以上、無理をするのは合理的ではない」と分かるのだろう。

今、この原稿を書いている日に、福岡、佐賀で警戒レベル5、つまり最高レベルの大雨が降ったが、なぜか休みになっていない会社があった。水没した道を歩きながら会社に向かう女性もいた。

命懸けで会社に行くのは、なぜか。

「働く女性の時代」に逆らえないからで、そのディストピアを構築したのがフェミニズムだ。

女子に優しくなく、優しいふりをしているのは、痴漢のことや家庭内の家事を夫が手伝わないとか、分かりやすい話ばかりで、あろうことか命に関わることは無視。学校のプールを覗かせないために塀で囲み、その塀が倒れて少女が死んでも、その元凶がフェミニズムの思想にあることは口にしない。地震のせいであり、手抜き工事のせいであり、プールを見る男たちのせいである。

韓国旅行をした女子が髪の毛を引っ張られて暴力を受けたときも、騒いだのはネットの韓国嫌いの人たちがほとんど。日本国内の家庭でそういう事件があるとすぐに報道し、それが公務員だったら叩き続けるが、韓国に行った女子の場合、朝日新聞などは沈黙する。フェミニズムの雄である朝日新聞は、常に女性の社会進出と男性の女性化を推進している。

もちろん、男からの女性への暴力は許さない。それは当たり前だが、女性が、家庭内や職場で暴力を受けたのなら大いに報道するのに、そうでなければあまり関心は示さない。若い母親のネグレクト（育児放棄）は、付き合っている男のせいといったような記事にして必死に女をかばう（一部新聞社）。

また、女性の社会進出に躍起《やっき》になるが、結婚できなくなった女性の悲しみはもちろん、スルー。子供を産む、産まないで言えば、「もっと産んでほしい」というどこかの男のつぶやきに過剰反応するだけだ。

フェミニズムという思想は、いいか、あなたたち女性の味方ではなく、男性を貶《おとし》めるために作られた思想だ。

後にそうなったのかもしれない。

原理主義的に、「男たちが悪い」が根底にあり、実際にそれが始まりであり、逆にステレオタイプと言える。

それを見抜いたのが、ハウスワイフの女性たちということだ。彼女たちは、自分たちを「フェミニスト」と言っているので、フェミニズムを全面否定しているわけではなく、その思想が浸透しているスウェーデンも称賛している。しかし、その行動はとても環境と子供に優しく、繰り返すが、違う政治思想の名称を付けたほうがいいと思う。

ハウスワイフたちが具体的に何をしているかお教えする。

まずは、労働がきつい会社を辞める。
結婚する。
専業主婦になる。
夫の経済力が乏《とぼ》しければ、節約でカバーする。
自給自足の生活をする。
エコを心掛ける。

Amazonの買い物の何が楽しいのかと考える。

手作りの料理を勉強し、それを子供たちに食べさせる。おもちゃも手作りだ。

添加物に注意して生活する。怪しい肉も食べない。

夫にもそれらを手伝ってもらう（夫も仕事に疲れているので、不況の世の中に疑問を持っている）。

そのグッドなアイデアをブログで紹介し、ブログでも少し収入を得る。

自分で作った有機野菜も売る。ほかにも手作りのものを売ったり、その教室を開いて、それを生活費にする。


そんなところだ。

唯一、セックスに関することが無視されていたのがご愛嬌《あいきょう》だが、彼女たちが会社で着ていた「足がスリムに見えるスーツ」を捨てて、まさに女も捨てて母親になったのなら、そこだけが欠点だと思った。ハウスワイフの多くは五十歳の主婦ではなく、三十代前半の主婦たちだから、女を捨てたら夫は浮気をするかもしれなくて、家庭円満とはならない。家庭円満、子供の食育のためにキャリアウーマンを辞めたのだから、夫との夜の生活も楽しんでもらいたいものだ。

さて、別項にも書くかもしれないが、

地球はもう終わりだと思ってもらいたい。

環境破壊がここまで進んでいるのに、まだ破壊を続けていて、インド、中国などはお構いなしだ。オゾン層の破壊による環境の大きな変動は食い止めることができず、猛暑の気温は体温よりも高くなり、ゲリラ豪雨は一日に一回。「数十年に一度」の豪雨が毎年あって、日本中で被害者が出ている。大型台風が来ているのではなく、豪雨が続く。

オリンピックを東京で開催することになったら、国民はそれはそれは大喜びだが、私はがっくりした。競技場を建設するために街の森林、街路樹は伐採される。樹齢百年の樹も躊躇《ちゅうちょ》なく切る。木材が足りなければ、東南アジアの、やはりジャングルのような場所の木々を伐採して使う。

オリンピックが終わった後、また木々を植えればいいのかもしれないが、行政が適当にやるから、その土地に合っていない種類の木を並べて、余計に環境を悪化させる。街路樹がそうだ。銀杏《いちょう》並木は景観が良いが、それがその街の環境に適しているかどうかを行政は考えない。

アマゾン地域の大火事にしても、人為的なものだった。多くの動物が死に、地球環境にも影響を与えるだろう。

人間とは、地球を破壊するために生まれてきたのだ。

アウストラロピテクスの後、劇的に脳が進化し、認知能力が生まれたその脳で、ホモサピエンスは地球を破壊することと、敵を殺すことを目的に生活してきた。

地球の環境破壊は、最初は意図的ではなかったのか、無神経だったのかもしれない。特にフロンガスはそうだ。発明した人たちが、「まさかオゾン層を破壊するとは」と、あの世で絶句しているはずだ。日本で言うと、工場から排出していく汚染水など、海にお構いなしに流し込んでいく。今も裁判が続いている水俣《みなまた》病などもそれが原因だった。その愚行もまだ続けている。

私の実家は三重県の田舎にある。四日市《よっかいち》だったらこれも大きな公害の「四日市ぜんそく」があった地だ。幸い私の実家は松尾芭蕉《まつおばしょう》と忍者で有名な伊賀にあり、近くには赤目四十八滝《あかめしじゅうはちたき》という名所がある。赤目はオオサンショウウオやカワセミが天然で生きているほど、自然が豊かに残る地域だ。花粉症のアレルギーがある息子がそこに行くと治ってしまう。そして都会に戻るとまた発症する。

そんな田舎でも水は汚された。

子供の頃に見ていた用水路の綺麗な水の中のメダカは消え、濁った水が小さな工場から流されてくる。祖父母が生きていた頃、正月にその土地に帰ると池には氷が張っていたが、今は凍らなくなった。たった三十年ほどで、こんなにも地球の環境は悪いほうに激変してしまった。

話を戻すと、ハウスワイフの女性たちは、そんな環境問題にも神経を尖らせている。アメリカでは竜巻が頻繁に発生するし、寒波でニューヨークの都市機能が麻痺することがある。我が子の様々な新種の病気が、添加物の多い食品と環境破壊のせいだと悟っている。「スーパーで売っている加工食品の裏を見たら、読み切れないほど添加物の名称が記されている。これを小さな子供に食べさせるのか」と憤《いきどお》っている。もちろん、中国産のチキンは丸々と太らせた、鶏ではない鶏。自国のビーフも危険だと政府が認めた。

会社に行くと、生理前後で辛いのに、次から次へとパソコン画面にエクセルの入力画面が出てきて、ヒールのある靴で堅いアスファルトを歩いていたら、あっという間に足が風船みたいになる。

「それが女の幸せか」と彼女たちは、ふと思った。

アメリカは、銃社会と黒人差別、ネイティブアメリカン差別を除いては、かっこいい国だ。アメリカンドリームがかっこいいのではなく、それも古いことと彼女たちが笑った。

「アメリカンドリームって無駄なものを肥やすだけでしょ」と。

参考文献：『ハウスワイフ2・0』エミリー・マッチャー著／森嶋マリ訳（文藝春秋）

淘汰《とうた》される「主婦」という生き方

十八世紀末から十九世紀のフランスの市民革命に端を発したフェミニズム。そして女性参政権の獲得。

悪くない。

全く悪くないのだ。

庶民の生活においては、家父長制度的に父親が高圧的な家庭から女性を解放させる。今で言うＤＶなどを止めさせる。家庭内レイプについては、いわれているほど多くはなかったと思っているが、子供の数が多かったのは事実で、子供をどんどん妻に産ませていた。

ただし、昔は子供が感染病などですぐに死んだり、まさに誘拐されたり、日本なら近所の池に落ちて溺れて死んだり……そんなことが頻繁にあり、戦争もあったせいで、「子供はたくさん産んでおいたほうがいい」という考え方が夫婦の間の当たり前でもあった。その証拠になるのかどうか分からないが、「女性はいっぱい子供をつくれ」という失言をする政治家はほとんどがお爺さんだ。


女性と男性の賃金が違う。

参政権がない。

など、女性主義者たちが怒ったのはうなずける。

しかし、フェミニズムは、もともとはこうして軽蔑される対象の思想だった。あのオスカー・ワイルドも嫌っていた思想だ。ワイルドに関しては名言は多く残っているが、伝記は少ない。なぜ、フェミニズムを嫌っていたのかよく分からないが、彼は女性の友人も多かったたし、ゲイだったとはいえ妻も愛していたから、思想を嫌悪していたのかもしれない。

特に、哲学者や芸術家、保守派の作家など、選挙に関しては「愚民の投票が国家を変えてしまう」と思っていて、私も思っている。男でも、今の日本で言うと「煽《あお》り運転」をするような連中に選挙権があるのはいただけないし、セックスとイベントしか頭にない女子大生に選挙権があるのもいただけない。

十九世紀当時は、女性はまだ新聞などは読まない人が多かったようだし、その点で哲学者や文筆家はフェミニズムを嫌っていたのかもしれない。作家のアンブローズ・ビアスも極端に嫌っていた。

一時的に、女性が主婦に回帰した時代があった。世界恐慌と大戦の後だ。男性労働者がいなくなり、働くのが辛くなった女性たちが主婦に憧れて「郊外の一軒家に家を持てる男と結婚するのが夢なんだ」と。

これは第二次大戦後、アメリカはじめ各国が失業者対策のために女を家庭に戻そうとするプロパガンダだったらしい。

はて？

これはプロパガンダなのだろうか。実際にそういう活動を国家規模でしたのかもしれないが、そのプロパガンダがなく、そのままだったらどうなっていたか。つまり、男性労働者が極端にいなくなり、生き残っていた女性たちが労働に明け暮れる。四十歳くらいになってくると「更年期障害だ」「生理不順だ」と嘆き出す女性たちが、ずっと働くのだろうか。


一戸建てのマイホーム。

夫は大企業のサラリーマン。

最新の電化製品で、掃除も洗濯もラクラク。

テレビでホームドラマやバラエティーを観て。

休日は家族三人でレジャーにお出かけ。


幸せそうだ。これがプロパガンダから生まれた「主婦」の姿で、とても悪徳らしい。

フェミニストから言わせると。

私の通っているスポーツジムでは、日曜日の午前中だけ運動する夫を奥さんが迎えに来て、「今から買い物に行くからね」なんて光景をよく見る。子供も何人かいて、日帰り温泉に行ったりしていて幸せそうだ。何が悪いのか分からない。

その悪徳と言われている「主婦」という生き方は、今、淘汰されそうになっている。

「主婦になりたい」と言っただけで、女子学生なら同級生にバカにされるだろう。現に、日本でも共働きが当たり前の時代だ。しかも旦那に多くの収入があっても、女性は外に働きに出る。そして不倫をする。

嫌味を言っているのではなく、それもフェミニズムの権利の中に入っていた。「婚外子を認めろ」というものだ。構わないと思う。大いにセックスをしてほしい。

ただ、セックスをした後の男女が平等にはなっていないことが、男たちの苛立ちになっているのは周知のことだ。芸能人の男とセックスをした女は、平気でその行為を週刊誌に売って何事もないが、男は黙秘を続けるしかない。

レイプは絶対にいけないが、セックスの後、「レイプされた」と女性から言われたら、大半の男は示談金を持って行くしかない。

後に語るような問題も含め、フェミニズムは大いに成功したが、その後、ユートピアを目指し、世界（先進国）を狂わせてしまったのだ。

「女らしさ」に疲れ切っている女たち

女らしさとは何か。

歴史的に見ると、女らしさとは結局は、夫の陰に隠れ、その美しさとセックスで夫を裏から支える、というものだ。または「操作する」である。

それを裏からではなく、表に出て、セックスも夫とだけではなく、誰とでもしてよくて……。「支える」とか、「一歩下がる」とか、「体をキレイにしておく」とか、そのセクシャルな行為、行動を夫以外にもやってよし、というような感覚にフェミニズムが変えた。あくまでも十八世紀後半以降のことだ。古代には遡らない。

非常に説明が難しく、きっぱり「こうですよ」と言うと叱られるから頭が痛い。

では、歴史は見ずに、現状を見よう。

「母性とは幻想だ」というのがフェミニズムの主張だった。だから「子育ても男がするべきだ」というウルトラCも誕生した。

ところが、イクメンは廃《すた》れてきて、男性の育児休暇も「こんなに忙しいのに」と眉をひそめられるようになった。そもそも子供がいない夫婦もいるのだ。芸能人のイクメン報道に朝日系の記事は必死だが、芸能人はサラリーマンに比べて時間が自由だ。

母性は幻想だというフェミニストの言い分は、「ゴリラのオスも子育てをしている」というステレオタイプにまで発展し、一部女子大の授業でそれを語るフェミニストの教授も現れたほどだ。

ゴリラ……。女性を男という猛獣から解放するための思想が、猛獣を味方に付ける矛盾。これは私の名言だ。

以下も私の持論だ。

後に触れるが、産後鬱《うつ》という母親特有の精神状態がある。

本来、父親が罹る病気ではないが、最近、「男も産後鬱になる」という記事が出てきた。

すでにやることがなくなったフェミニストたちが、捻《ひね》りに捻って作り出した、まさにデマに過ぎない。

そもそも、子供が生まれてちょっと不安になった夫を見て、「鬱になった」というのは、会社が嫌いで行けなくなった男性を「鬱」と診断する今の社会の流行と同じこと。

産後鬱ではなく、ちょっと元気がなくなっただけ。それを男も産後鬱にするとは傑作で、ひょっとしたらその男は、「しばらく妻とセックスできないから、射精は自分の手でやるか風俗に行くのか、どっちも気乗りしないな」と悩んでいるのかもしれなくて（大いにあると思う）、妻が女に見えなくなったのかもしれなくて、そう、ほとんどが性愛の問題だろう。

本来、産後鬱とは、「子育てが怖い」「お金がない」という気持ちから、母親に生まれるものだ。

これを男性が持つことはない。男はお金がなければほかの女の所に行ってしまうだろうし、責任感のある男はお金もないのに妻を妊娠させない。生活力もないのに誤って妊娠させてしまった場合、その男に責任感があれば鬱になるどころか、必死に働くだろう。子供のために。

先に述べたように、フェミニズムの初動は、文学者や哲学者、芸術家から嫌われたが、その後すぐに拡大し、その活動は悪くはなかった。女性にも賢い人はいっぱいいて、参政権も必要だ。むしろ、女性は男たちよりも平均して賢いと私は思っている。極端に天才的な才能があったり、そつなく多才な男性もいるが、反面、平凡以下で能力がない男や凶暴な男が大勢いると思っている。

女性に対する参政権や家庭からの解放は悪くはなかった。夫以外とセックスをしたら犯罪になることも、著《いちじる》しく男女平等に反している。それも先進国ではなくなった。才能のある女性は会社などで出世するようになった。

それでやめておけばよかったのだ。

本当に、それでやめておけばフェミニズムは世界の女たちを救ったと言える。
ところが、フェミニズムは暴走を始めた。
人類を破滅させるほどの暴走である。

育児放棄の妻をどう注意すればいいのか

子供のいる夫婦が離婚すると、ほとんどの場合親権は母親に渡る。フェミニズムの急先鋒だったフランスでは、親権は共同行使だ。ほかの国でも、夫のＤＶが原因でなければ、子供と会えるのだ。

名前を伏せても分かってしまうが、歳の差で結婚した有名人夫婦が、離婚になり、それが「モラハラ」という奇妙な言葉も生んだ。夫が悪者にされて、離婚後、娘に会うことは一切許されなかった。

その数年後の今、元妻の最近の素行を見て、「父親だった彼がかわいそうだ」と世間が言い出したのだから、「初めから考えてください」と私は言いたい。

どれほどのＤＶがあったのかは、双方食い違いがあるだろうから私も断言はしない。しかし後の項で語る虐《いじ》めの問題にしてもそうで、素行が悪かったり、精神的に病んで手が付けられなくなった相手を怒鳴ると、それがＤＶになる。いわゆる「躾《しつけ》」のように頬をビンタしたら即ＤＶ確定で、弁護士がゾロゾロやって来て、親権を取られ、慰謝料を取られ、財産分与をさせられ、世間から冷たい目で見られてしまうようになる。

「精神疾患なら、なおさら暴力も怒鳴るのもいけない」

分かった。ではそれでネグレクトや殺人事件が起きているが、どうすればいいのか。薬を十錠以上、毎日飲ませるのか。するとオーバードーズ（薬の過剰摂取）になる。

そうして殺人事件が起こったときに、いつも母親を擁護する彼ら彼女らは犯人に「死ね」と言う。「子供を虐待《ぎやくたい》する前におまえが死ね」と。なのに、仮に母親がネグレクトをしていたとして、それを夫が止める躾は駄目なようだ。

大衆は子供が死んだら親を怒る。死ななければ妻の躾をしない男を怒る。

本当にあった事件は真実が分からない部分もあるから、私が創作しよう。創作といってても、よくある事件だ。

妻が、育児放棄をして夜遊び。アルコールとセックスに依存している。

夫は、若い男に妻を寝取られているが、子供がまだ小さいから我慢して、「おまえ、精神科に行って見てもらってこい」と最初は優しくなだめている。しかし、妻は「私を病気だと言うのか」と反発。毎晩夜の街に出て行く。仕事と育児に疲れてきた夫がまた説得。


「せめて、男はやめて早い時間に帰ってこい」

「命令すんのか。あんたも私と会う前の元カノがＬＩＮＥに残ってるじゃないか」

「ブロックしていないだけで、会ってもいないし、連絡もしていない」

「そのうちするつもりでしょ。私が何をしようと勝手」

「子供の送迎くらいはしてくれよ。会社に間に合わないんだ」

「たまにしてるよ。私が毎日するの？　時代遅れだ」

「おまえ、主婦だろ」

「それを言うなら、お金持ちになってみろ」


こんな会話が続いて、娘か息子が泣き出したら、夫は妻を怒鳴るだろう。または頬を叩くかもしれない。

これら妻からの暴言は、裁判などで軽視されているかもしれない。

弁護士、「妻に精神科に行けと言ったことが、ひどいモラハラに当たります」となるだろう。


以上、創作だが、まあ、全国に似たような状況の夫婦がいるはずだ。ケンカにはなっていなくても、暴発寸前の夫婦だ。

まだケンカになっていない原因は、親が近くに住んでいて、子供の世話を手伝っているパターンがほとんどだ。またはお金持ちで、家事をダスキンなどに頼めるのである。

それか、妻が男たちとは会っているが、最近出てきた「メンタルビッチ」のように、セックスはしていないという状況だ。

バーに一人でいる既婚の若い女。短いスカートで飲んでいて、顔見知りの客と恋愛トークをしているということだ。酔った勢いで、顔見知りの男が足に触ってもOKで、LINEも交換。セックスはしないが、次に店で会う日も決める。約束の日にはお酒落をして出て行く。会社から帰宅した夫は、子供の世話をしている疲れ果てた義母か母に頭を下げている生活だ。

私の聞いた話では、人はお酒が入ると帰宅時間が無意識のうちに遅れるらしい。最初は妻にもストレスがあり、一人で飲みに行ったのかもしれない。私がもし夫だったら、お酒が好きな妻に「たまには行ってこい」と言うだろう。

それが週に一回だけだったのが、二回、三回とエスカレートしてきて、酔うと時間の感覚が分からなくなり、楽しい会話でどんどん時間が過ぎていき、帰宅するのが深夜になってしまうらしい。

悪いことをしている人を怒鳴ったらいけないなんて、奇妙で、分別のある人を貶めるのに都合の良い「道徳」に過ぎない。

それもフェミニズムから生まれた悪の思想だ。女性を徹底的に、男からの暴力から守るために、女の悪行も許すようにしてしまった。

「男に怒鳴られるだけでどんなに怖いか、あんたは知ってるのか」と、女たちから怒られそうだ。この意見は後で論破するが、正直、そんな女は怖い目に遭えばいいではないかと思う。毎日のように子供をほったらかして夜遊びしている母親なら、私も何人か見てきた。その間、夫は職場でハラハラしているか、家で子供の面倒を見ているのだ。

創作的な事例を語るのが長くなった。別項でも似た話を書いているから割愛して、離婚の親権について話を戻したい。

親権が母親に渡るのは「子供は母親を頼るから、母親が必要だからだ」と、あるフェミニストが言っていた。「ある」と言っても誰か分からないが、よくある台詞《せりふ》だ。

あれ？

あれれ？

先の項にあった「女に母性はない」と話が矛盾しているではないか。

子供が母親を頼るのは、母親のおっぱいに愛着を残しているからで、まさか「母親のほうが仕事をする能力が高いから経済的に安心できると子供が思っている」とでも言うのか。

女には母性などなくて、それは男社会や昔の哲学者、心理学者がつくった嘘だと息巻く。それなのに親権のことになったら、「子供には母親の愛が必要」とは、どこまで理論破壊をしているのか。

距離にすると、日本から南極くらいまで破壊していると思う。

裁判では、母親に生活能力が全くない場合と、例えば病気だったりして子供の世話ができない場合、母親から親権を放棄した場合にのみ、父親に親権が渡る。母親が貧乏でも、シングルマザー手当などでやっていけると判断されたら、父親に親権が渡ることは滅多にない。その離婚の原因が少しでも父親にあったら、親権が父親に渡ることはほぼない。

その後、自由に子供と会うことも許されない。「年に一回だけ、一時間」といった取り決めまでされてしまう。

それればかりか慰謝料も払っている。私の友人にもいるが、家も渡していて、固定資産税も、元妻の生活費も払い続けているし、それを請求しているのは元妻だ。彼の場合、子供が大きかったから、子供と会えてはいる。

子供が大人の恋愛の事情を分かる歳だと、「お父さんに会いたいから行ってくる」と勝手に電車に乗っていくものだ。中・高校生くらいの話である。しかし、子供が小学生の低学年くらいだと、母親が、ずっと別れた夫の悪口を言っているのがほとんどだから（調査はしていないけど、娘が異常に父親を嫌うならそれは明白）、娘や息子と頻繁に会える父親は少ない。

娘が「お父さんに会いたい」と言うのは、母親が父親の悪口を言っていないか、父親が娘に優しくて、その記憶が残っている間だけである。思春期であればその可能性は低くなり、父親を憎むようになる。

父親を憎む心理は、同時に男たちを憎む心理に繋がる。

このことは、恐らくフロイトが書いていたと思う。しかしフェミニストはフロイトも嫌いだし、深読みすると、日本のフェミニストたちは、離婚後父親を憎む女が増えれば、「しめしめ」と思っているということだ。

父親憎悪の女性は、セックスは全くしないか、ビッチのようにしまくるかのどちらかになる。

AV女優のことは少しばかり知っているが、父親がいない女優さんが多い。「お父さんが見たら悲しむ」という感覚がないのだ。また、バイトがてらAVに出演する女子も後を絶たないが、彼女たちは今どきの「女性化した父親」に育てられた女の子たちで、「お父さんが怒る」という概念を知らない。

社会共通概念だった「怖い父親」はすでにこの世にはマイノリティとしてしか存在しない。それは私のような男で、私も女性たちを叱ると「怖い」とよく言われる。それが原因で別れた女性もいる。

弁解ではないが、私は三百六十五日あったら三百日以上はジョークばかり言って笑っているか、仕事をしている男だ。しかし、たまに叱ると、女たちは急に口を聞かなくなる。

私が大声を出したことも五十年間で数回だろう。そもそも、ドトールでバイトの女子高生に怒鳴っている男にでも、声を抑えて「あんた、うるさいよ」と怒る私が、妻に怒鳴るのは余程のことだと思ってもらいたい。その余程のことは三十年間で二回か三回くらいしかなかったが、それでもいけないらしい。「余程のこと」は無視されているのだ。

怖い父親を知らない女性たちは、ポエムのように優しく抽象的な言葉を囁《ささや》いてくれる男が好きで、だけど、自分が間違いを犯したときにもそのポエムでなければ拒絶してしまうから、間違いを学習することはない。

そもそも、最初からポエムに具体案はほとんどない。

「君を救ってくれるのは、君が君自身を好きになり、君がありのままに生きること。明日になれば素敵な陽の光が素敵な出会いを運んでくる。そう、君がありのままでいて、輝いていれば、無理はしなくていいんだよ」

はいはい。なんですか。これは。

一瞬、気分は良くなるだろう。イケメンに言われたら堕ちるかもしれない。「堕ちる」は俗語だが、口説かれてしまうということだ。相手がテレビの中の著名人だったら、メンタルだけ堕ちていることになる。相手が一般人で目の前にいれば、ラブホで抱かれているということだ。

一方、

「『ありのままの私』で何か改善したのか。明日になったら素敵な出会いがある？　何回ダメ男と出会って失敗してるんだ。ありのままのおまえの頭がおかしいんだよ。寺やらで修行するか、出羽三山《でわさんざん》の神社に何回も行ってくるか、熊野古道《くまのこどう》で修行してこい。見たことのない世界に俺が誘ってもいいが、『ありのままの私』はキラキラしていてキレイだから、それが怖いんだろう。だったら精神科に行ってこい」

と叱ったら、その男の言っていることは大いに正しい。口は悪いが、彼女が実行すれば生活習慣を変える特効薬にもなる。

だが、彼女は「なんて怖い男」「私が病気だと言うのか」と激怒。その男の前から消える。そしてまたポエムのような優しいばかりの言葉を作る男と付き合い、セックス三昧の生活かデキ婚を経て、お金は得ても愛は得ることはなく、別れるだけである。

夫婦なら、スピード離婚。原因は夫のモラハラ、ＤＶだとして、ではポエムを語り続ければ、その失敗の後、悪妻は夜遊びや半ばの育児放棄や散財などをやめるのか。主婦なら、家事の放棄もやめるのか。心の病があるとして、拒食と過食の繰り返しが止まるのか。アルコールをやめるのか。子供の前での煙草もやめるのか。

暴力はいけないが、程度がある。

妻の腕を引っ張って玄関まで連れて行き、「出て行け」と言うのがDVなら、リビングで悪態を吐きながらテレビを見ていて、勝手に高い寿司を注文している妻に何をどうすればいいのか、

フェミニストたちは教えてほしい。

玄関から放り出された悪妻は激怒。「DVをされた」と言い、離婚を求める。子供が小さいから夫が離婚を嫌がったら裁判になり、DVが確定で離婚。親権も取られて、その半ば育児放棄をしている妻の所に子供も行く。

裁判官もそこまで狂っていないから、このパターンでは、妻の環境に子育てを手伝ってくれる親がいることを条件に、親権を渡すものだ。ネグレクトほどの育児放棄でなくても、それが見え隠れしていたら、裁判官も考慮する。優秀な裁判官もたまにはいる。

しかし、「父親と娘が会ってはいけない」は人権にも関わる大問題だ。その苦しみで父親がまさに落ちぶれていくのは無視。母親はすぐに新しい男を見つけて、再び恋愛を謳歌《おうか》し、それを見た娘は母親を正しいと思い、応援する。お爺ちゃんとお婆ちゃんがいるから大丈夫ということだ。

本当にそれらが正しい判断なのだろうか。正しい道徳なのだろうか。

男たちは、浮気という行動をやめない。最近は女性も浮気するが、基本的には男の性癖だし、本能だ。本能について説明をすると、ルソーみたいになってしまうから割愛して、男たちは妻と不仲になるにつれ、「結局はこうなるんだろうな」と自分の孤独な未来を悟って、若い女の所に行くだろう。何しろ、これまで私が書いた話が、毎日のようにヤフーニュースなどで流されるのだ。

「夫にＤＶされて通報。警察官が駆け付ける」↓妻に暴行を受けた様子はなし。

「夫にＤＶをされて離婚」↓夫は妻に何回も怒鳴られていた。妻は主婦で育児と家事をほとんど放棄。

これら、前面に出てくるのは「ＤＶ」の二文字で、そこで世間は「男が悪い」と判断してしまう。

私は、様々なことで悩んでいる息子に何か名言をプレゼントしようとして、以下の言葉を与えた。

「結果には原因がある」

離婚には原因がある。その半ばにＤＶがあったとしたら、夫がサイコパスのような鬼畜か、もともと妻を子供をつくるために嫁にした古いタイプの男だ。古いタイプの男はいつも高圧的だ。

そうでなければ、妻にも原因がある。その原因がポエムで改善しないときは、どうすればいいのだ。

「もっと家族サービスしなさい」

まさかでしょ。

セックスレスで育児もあまりしない妻に、さらにブルガリのネックレスをプレゼントして表参道でランチをおごるのか。沖縄に行ったら、若い女の子に目を向けただけで不機嫌になって、「こんな所に連れて来やがって」と怒鳴っている若妻を、今度はルーブル美術館に連れて行くのか。


さて最後に、先に触れたあるフェミニストの言葉を論破する。「男に怒鳴られるのがどんなに怖いか。怒鳴るのも完全なDV。許してはいけない」という言葉だ。

おまえら、本当に精神科に行け。

女のヒステリーの怖さを知らないのか。夜になったら包丁を手にしてやってくる恐怖に、夫たちは眠れないのだ。

私はある会社社長に、「里中先生は、女が怖くないのですか」と神妙に聞かれたことがある。その男は、この話をしていた。

「寝室のドアが開いたら、妻が包丁を持っているかもしれない。そう考えると怖い」

事情は分からないが、海外出張の際の浮気を疑われているらしい。実際に風俗には行っているかもしれない。海外で自分の手でやるのもストレスだ。

これは別の著書にも書いたが、失恋したとき、「そこに刃物があったら相手に向けていただろう」と考える女子がほとんどだ。

米国の有名大学のアンケート調査で実証されているから、私の私見、妄想ではない。「現実に刺す寸前までいったが、彼が逃げた」という答えも数パーセントに上ったらしい。

まあ、やめたからアンケートに協力できる立場にいるのだろうが、現実には刺して服役している女もいるということだ。

悪妻が、「うるさい！　私が誰と飲もうと勝手だ。あんたも女と浮気したことがあるんじゃないか！」と金切声で叫んだら、男も怖い。

しかし、女のそれはＤＶではないらしい。

子供への虐待も「男のせい」

目黒で起きた女児虐待殺害事件。母親に懲役八年の判決が出た。覚えていない人もいると思うが、これで思い出すだろう。女児が殺される前にノートに「もうゆるして」と書いていた虐待の事件だ。

ヤフコメでは「刑が軽い」と批判が圧倒的だが、それは男たちが書いているし、ヤフコメはあてにならないから、軽い判決か重い判決かはここでは明言しない。

しかし、専門家の意見が同時に掲載されていて、女性の心理学者か社会学者か分からないが、「重い判決。悪いのはDVの夫」と一貫して夫を責めて、母親の情状酌量（執行猶予にしろということか）を求める記事を書いていた。

妻にDVをしながら、娘を虐待していたその男は極刑にしてほしいし、DVもひどかったとして最悪な夫婦関係だが、「逃げられなかった」とか「仕方なく一緒に虐待した」とかいうのは、言い訳に過ぎないというのが世間の見方だ。

私は少し悩んだ。「ストックホルム症候群」のように、逃げられない性的なＤＶはあるのだ。

だが、裁判での母親の話を記事で読んで、「それはなかった」と分かった。

あの母親は裁判で「死にたい」と言った。

さあ、それはいつの心理か。逮捕されてからか。それとも裁判中に急に死にたくなったのか。

なるほど、「死にたかった」のか。そうか。

だったら、娘が殺される前に死んでいればよかったのだ。

そうすれば、もしかしたら娘は助かったかもしれない。あの母親が娘を助けるために自殺でもしたら警察がやって来て騒ぎになり、娘も保護される可能性が高かった。

「死にたい」は、いつなのか。嘘なんじゃないのか。情状酌量を求めた自分の保身のための嘘なのだ。

これも私見になってしまう。よく行く喫茶店に出向いた。そこの顔見知りの店員さんたちのパートの女性がちょうどこの話をしていた。

「なんて軽い判決なのよ」

怒っている。

「絶対に嘘つき女。余裕で出掛けていたらしい。その間に娘さんをどこかに連れて行けた」

「あ、里中先生。これって早く出て来たりするんでしょ」

私は、「刑期が短くなることはありますよ。刑務所で真面目に労働していたら」と言った。そして、「裁判官がフェミニストなんですよ」と教えた。

「被告は深く反省している。DVを考慮した」と裁判官は言った。どちらの言葉も、フェミニズム的な女性擁護《ようご》だ。

深く反省していることがなぜ分かるのか。
それが先程の「死にたいです」なら、それは女の嘘であり、反省などしていない。

ＤＶを考慮したことは良いと思う。母親はかなり頭の悪い女で、「自分はバカ」と繰り返し言っていたらしいし、実際に「人の死」も認知できないのかもしれない。つまり、娘が虐待されていても、自分でやっても、死なないと思っていたのかもしれない。

だとしたら、そう、反省する能力もない。

法廷で過呼吸になるほど泣きわめいて、しゃべれなくなったりしたが、似たような症状なら女性のヒステリーでもあるし、ジェットコースターが苦手な女性もそうなることがある。セックスの最中に、興奮してそうなる女性もいっぱいいる。

男には滅多にそんな症状は出ない。だから女性特有に泣きわめいて、弁護士が慰めて、裁判官が憐憫を覚えて、裁判が中断して、どこか情状酌量の余地を与えるような裁判は、男女平等とは言い難い。

夫が裁判でキャーキャー泣きわめくことはないだろう。それで死刑か無期刑の判決になり、もし控訴しなければ、逆に男は反省していることになる。

しかしこの事件の場合、反省していても極刑にしてもらいたい。仕事柄、社会問題の情報を集める必要のある私でさえ、娘のあのノートは最後まで読めなかった。

もし弁護士が懲役八年の判決を控訴したら、母親は反省していないということだ。いや、反省はできない頭なのだ。学習能力もない。その女を短期間でまた社会に放り出すのは危険だと、私は思っている。

もちろん、学習能力のない人間はいっぱいいて、街のど真ん中に立っていたり、部屋で寝ていたりしている。その中でも、凶悪犯罪を犯す学習能力がない人間と、犯罪とは無縁の人間がいて、前者は一度凶悪犯罪を犯したら、もう、社会に出すのは危険なのだ。

そもそも、娘が死んだ時点で一回の犯罪と見なしているのが不思議で仕方ない。

私の言っている意味が分かるだろうか。

殺したのが一回だと思っているのだろうか。

日本中の、母親擁護の人たちよ。
娘は十回以上殺されている。母親に裏切られて、何度も謝って、何度も甘えようとして、また殴られて……。児童相談所の職員との面会を拒否したのも、香川から東京への転居先を教えなかったのも母親だ。その時系列の中に、すでに殺人があっていいのだ。

「夫からの心理的ＤＶもあったから仕方ない」という記事も見た。
では、母親から娘に対する心理的殺人は？
娘は何度も何度も母親に、心を殺されている。たった五歳の女児だ。それが、懲役に加算されないのか。香川県にいた時代からのことだ。

ＤＶを考慮した前例をつくっていく限り、父親と母親とが共謀する虐待は終わらない。

ＤＶの程度も分からない。暴力的で頭が良い男からの、バカ女に対する心理的コントロールは理解できる。だから、男のほうは極刑で、そして女もそれに近い刑でいいではないか。私に言わせると、娘は殺されただけではなく、母親に何度も裏切られたことを考慮してほしいということだ。

冒頭のフェミニズムの思想を大いに抱いた専門家の女は、そこに触れていない。繰り返し本書で言うが、フェミニズムは昔は優秀な思想だった。今は男を軽蔑するだけの無能な思想だ。

バカな女を注意できない時代

先にも触れたが、「モラハラ」という新手のフェミニズムの攻撃が出てきた。パワーハラスメントは新人の男子社員などにも使用されるが、ハラスメントのほとんどが女性に対する男性からの行為になっている。

セクハラについては言うまでもなく、あまりにも女たちがうるさく細かいため、私が予言した通り、AEDで男性が女性を助けることができなくなった。女性が倒れていても、裸を見て後から訴えられるかもしれないからと、男性がAEDを使えなかったケースが実際にあるのだ。

別項で述べたが、フェミニズムはその先の悲劇は考えていない、女性の敵だ。悲劇が起こったら、フェミニストとはあまり関係ない男性の専門家らが解決策を講じているのだから、苦笑するしかないのだ。

さて、この問題でも、私は「あんたは女性差別主義者」と書かれるだろう。だが、私は女性から非常に慕われる人生を歩んでいて、彼女たちは皆賢く、男性に優しく、子供にも優しく、床上手で、美人である。

すなわち、私を軽蔑する女は「バカ」という話だ。バカという言葉も使いたくないが、「ブス」同様、ほかに分かりやすい言葉がない。

あるバカな女がいたとしよう。

当然、男は「おまえはダメな女だ」と言う。「いい加減にしろ。それでも社会人か」と、その異常行動に怒る。そう、異常行動なのだ。すると、その異常行動を叱られた女は「モラハラされた」と怒り、結婚していたら離婚。カップルなら別れて、その男の悪口を言っている。

躾のためのビンタや玄関から放り出す行為も、異常行動に対する説教も駄目で、それで女たちが調子に乗っている時代だが、これも「その先のことを考えていなかった」ことによる弊害で、社会が大きく乱れてしまった。

私がたまに行く施設で、公共マナーを全く守らない女子がいる。狭い空間の中、大きな声で汚い言葉を使い、最近ではセックスネタも混ざってきた。リアルなことは言っていないが、例えば、「そいつが金持ちなら結婚してやってもいいぞ。でもお父さんより年上じゃ、できないかな」とか、女子が大きな声でしゃべっている。

とにかく大人の男性に対して不愉快極まりない話ばかりしているか、よくある世間話でもその言葉遣いは男子不良高校生とそっくりで、その女子がいたから真面目な大人の男性が退出したことがある。

そう、注意ができないのだ。

注意の仕方がどうであれ、注意されたら逆ギレは明白だから、その女子は施設に来なくなる。すると、その施設はある程度だが損害を被る。それを我々、マナーを守っている人間は考慮するが、我々がその女子がいる日に施設に行かなくなっているから、金銭的な損害は、そちらのほうが絶大だ。

バカをやっている女子を他人は注意すらできない時代。もちろん、相手が男だったら、私がその施設から放り出して出禁にするが、相手はかわいいルックスの女子学生(に見えるが実際は分からない)。まさに手も足も出ない。

そんな時代に誰がしたのか、と言っているのだ。

家庭でも、ネグレクト気味になった妻を注意していたら、その妻は育児を放棄するような精神状態だから、「モラハラされた。怒鳴られた。DVだ」と言い出すようになった。その後、離婚になる。

ネグレクトも軽いものだったら、親権がなんとその異常な母親に渡るのだ。それも、「その先のことを考えなかったフェミニズム」の責任だ。

母親は、子供が娘だったら、延々と別れた夫の悪口を言い続け、その娘も頭がおかしくなる。

その因果関係はエビデンスとしては完成されていないが、多くの風俗嬢やAV女優、「パパ活」をする女の子たちが、母親から父親の悪口を聞いてきたと語っていることで分かる。または男の悪口である。

貧困家庭で育った風俗嬢だったら、父親が普通でも、貧困が父親のせいに思えてきて、少しでも母親がそれを口にしたら一巻の終わりだ（無論、彼女たちの中には、男に痴漢やレイプされた過去がある子もいて、それで風俗で働くしかなくなった心理を持った女性もいるが、ここでは割愛したい）。

そんな彼女たちが、お金のために割り切っていたとしても、デブのおじさんとも寝るのだ。本能的にセックス、または男性が好きなようで、優しい気持ちは持っている子が多い。だが、「愛」のことは分かっていないし、欲しがる様子もあまりない。


「本能的」という言葉が出たので、リアルな話をお教えしておくと、膣が成熟しているか、男が言う「名器」を持っている女性は、男の悪口を母親から聞いていたり、少女の頃に痴漢に遭ったりしていても、基本的にセックスをしたがる女になる。そのため男性に優しい。女性ホルモンも活発で、セックスがしたくて男性に対してあまり攻撃的にはならないのだ。

私はソープ嬢、AV女優とはお付き合いしたことがないが、仲良くなった女性は何人かいて、彼女たちは本当に男に優しかった。十年以上前だが、あるAV女優（無名）とソープ嬢が私に同じ台詞を言った。


「先生には絶対に病気を移せないから、性病検査が確定するまではやらない」

「口の中に口内炎ができていて、もし、ヘルペスだったらまずいからゴムフェラでいい？」


スペシャルな気配りだ。

ナンパされてセックスをしている女たちからそんな言葉は聞いたことがないが、ナンパのセックスをしている女の子たちのほうが性病を持っている確率が高いことは定説になっている。彼女たちはダイエットもしているからか、口内炎なんか月に一回は必ずなっているが、フェラチオするときはそれを気にして、男に、「今、口の中が痛いから、激しくしないで」と言う逆の話になる。

幸せな家庭に育ったのに、男の健康に気を使わない女性は多い。それは一見したところ幸せな家庭だが、実は父親がひどく弱く、「お父さんはお母さんの下男《げなん》だった」

という台詞を聞いたことがある。それと似ている「お父さんは、本当にお母さんに頭が上がらなくて」とか、フェミニズムに屈した家庭環境に育った女子が、彼氏や夫の健康を気遣わなくなるのだ。

話は徐々に戻っていくが、なんでも「セクハラ」と言う女や育児放棄をするようなバカな女は、実は父親が弱い家庭で育った場合がほとんどだ。「弱い」の定義は「女性化している」ということだ。また、女性化とは別に、女に媚《こ》びているという場合もある。

父親が女性化している上に、妻に媚びているのをずっと見てきた娘が、男に対して冷たくなるのも、言いたい放題、やりたい放題になるのも当然だ。

子供は十二歳までに見た現実のほとんどで才能を開花させる。天才論ではやや定説になっていることだ。その才能には良くない才能もある。膣がペニスを包むのに最良の大きさ、動き、粘着力などを持っていて、セックスの快楽を男から得たら、男性に優しくするだろう。しかしそうでなければ、男性を見下す才能を開花させてしまうだけで人生は終わってしまう。

男性たちがいても公共マナーを守らない女子もきっとそう。カフェのママ友の会話もひどいものだ。

彼女たちは、「男は弱いか、私には文句を言わない」と潜在意識の中に埋め込まれているのだ。

この事例は良くないが、まさに昭和だったらその下品な女子は、おじさんたちから施設や喫茶店から放り出される。ドアを開けられて、お尻を蹴られて放り出されるわけだ。しかし、実は昭和の時代にそれは滅多に起こらなかったそうだ。なぜなら、そんな言葉遣いの女子は、大人がいる場所にはいなかったからか、大人と一緒のときはきちんとしていたからだ。皮肉である。

男が女子に暴力やレイプを実行するのは別問題で、今でもある。もっと計画的なことだ。今の時代の女児誘拐事件が計画的で、昭和の末頃の女児誘拐事件が適当だったわけではない。

昭和は終わっていたが、私が二十歳を過ぎてから、若い女の子が「浮気」以外で彼氏と揉めているのを見たことがないし、喫茶店やスポーツ施設でマナーを守らない若い女子もあまりいなかった。特に言葉遣いだ。レジでクレームを怒鳴っている主婦とかもいなかった。

悪質な女性は、ほとんどが殺人犯レベルの脳を持った女たちで、一般の女性たちは平凡に優しかった。優しさに限って言えば、平凡、普通が適度なのだ。怖くて、だけどお金を稼いでくる父親の家庭に育ったから、決してほかの男性にも攻撃性を見せなかった。

その怖い父親は、翌朝、妻にうっとりするような目で見られるような力強いセックスをしていたものだ。「DMM」なんかない時代、男たちは妻や彼女を抱くのに必死だったのだ。

男たちは、フェミニズムに屈した。

事例は山ほどある。

本物の女体ではなく、間もなく完成するＡＩの女子高生人形で大満足する男子たちが増えるだろう。それらが大流行したら、児童ポルノ法で単純所持が禁じられているように、所有するのも規制され、男たちは行き場をなくしていく。妻とは妊活のセックスしかできず、ポルノ類はどんどん禁止されていくのだ。

しかし、地域経済と地下組織に貢献する風俗街は消えない。規制するとしたら深夜営業の時間くらいだ。

フェミニズムと新手のリベラルは、そこはスルーするのである。フェミ、リベラルの国会議員たちも地元の風俗街に行くからだろう。

女性が愛のないセックスを繰り返す理由

昔、といっても十年前くらいだろうか。当時人気だったバラエティー番組に出演した有名なアーティスト系の男たちが、「コンドームを付けてセックスしよう」と推奨するパフォーマンスをした。

私は「またか」と失笑すると同時に、「バカな連中。知能が低そうだ」と侮蔑《ぶべつ》した。これは私の悪いところだが、根本が分からない、肝心なことが分からない、善悪の区別が付かない、世間的にグレーとされていることをテレビで拡散する、といった人物をあからさまに軽蔑してしまう。これら誰でも少しはあることだが、それを声高に主張することは具の骨頂。飲み屋でしゃべっていれば、まだ知性的で冷静と言える。

では会話風に解説しよう。「↓」以下が私の反論だ。

「コンドームを付けてセックスをしよう」↓誰と？

「恋人同士で」↓だったら必要はない。

「妊娠を避けるためです」↓あなたの演説ではそう言わなかった。性病に感染しないためだと言った。

「そうです。性病の蔓延を防ぐためです」↓恋人が性病を持っているのですか？

「持っている可能性もあります」↓性病検査をしてから付き合えばいい。性病検査を勧めればどうですか？

「それで陰性だったらコンドームは必要ないでしょう」↓あなたはそんな話はしませんでした。

「彼氏が風俗に行くかもしれません」↓そんなことを不安に思いながら、男女は付き合うのですか？

「よくある話です」↓そう来ますか。そこに立ったら議論になりませんし、そもそも論点がずれます。あなたが言いたいのはこうです。コンドームを付けてセックスで遊んでください。または、セックスで遊ぶときはコンドームを付けましょう。違いますか？

「そんなことは言っていません」↓では何を言いたかったのですか？

「性病に罹《かか》らないように、と言いたかったのです」↓恋人同士が愛し合っていれば性病に感染しません。男が風俗に行く問題なら、風俗に行くな、という話に変えましょう。しかもあなたの話は主にエイズ撲滅のことでした。

「そう、エイズに罹らないようにです」↓どこで誰がエイズに罹るのですか？

「若者の間で罹患率が上がっているようです」↓若者は遊んでいるのですね。愛し合わずに。それはなぜですか？

「若いからです」↓若くても性病やエイズが怖ければ、ナンパのセックスは自重するかもしれません。

「若さの勢いでしまいます」↓曖昧《あいまい》な回答ですね。大人はしないのですか？　つまり、コンドームを推奨するからセックスをするんです。

「は？　あなたは何を言ってるんですか？」↓コンドームを付ければ、セックスをしても性病に罹らず、妊娠もしないとあなたたちフェミニストが世界にその戯言《ざれごと》を広めた結果、逆に性病が蔓延した。もともと、日本にもあった梅毒《ばいどく》などがなくならないのは、コンドームに効果がない証拠で、それはナンパセックスやフリーセックスの果てに、コンドームを外すからです。生が楽しいからです。

「梅毒は……」→最近流行してますよね。コンドームはどうしたのですか？

私が完全に論破した。私が作った話だから論破できて当たり前だが。

フェミニズムの五カ条のようなものがあり、仮にそれを以下とする。

一、家庭から女性を解放する

二、男たちのDVをやめさせる

三、女性に働く権利を与え、男女平等に給料を与える

四、男女の区別をなくし、呼び方を同じにする。例：看護婦→看護師

五、女も、誰とでもセックスできるようにする

最後の項目が、その思想をもとにコンドームを世界中に普及させた。鞄の中にコンドームを入れた男女は、好きでもない気が合った異性と気楽にセックスをするようになった。今はコンビニでもコンドームを売っている。それによって妊娠しないから、

また違う男とセックスができる。
未体験の女子が、「それほど好きでもない人。だけど早く経験したい」と思ったときにも、コンドームがあれば恐怖心がいくぶんそがれる。十七歳で初めてのセックスをするとして、コンドームがあったら妊娠もしなければ性病の危険もないと考える。イケメンの先輩が、「コンドームがある」と言ったら、フラフラと彼の部屋に行ってしまう。性病には罹らないし、妊娠もしないが、その先輩とは愛はなく、一回だけで終わりか、やり捨てられる。だけど彼女は、「ゴムをして妊娠してないからいいや」と反省もしない。
一応、憧れの先輩だから救いはあるが、カラオケボックスの延長のセックスや合コンでのお持ち帰りのセックスでも、「まあいいか。楽しかったから」で無反省。

それがフェミニズムの目指した「女の自由」だとして、それは悪徳ではないのか。または快楽主義。

悪徳ではないとして、快楽主義を女性たちに与えた思想で、女子の快楽主義は結婚の障害になる。男たちは、美女以外が快楽志向だったら、「ただの汚い女」としか見ない。違うか。余程の愛の物語をそのカップルが持っていないと、男は彼女を「汚い女」と見る。そうか、そういえばフェミニズムは結婚反対だったな。

ある雑誌でこんなコラムを見た。

彼氏に内緒で男と飲んでいて、気が付いたらラブホ。セックスもしていて、だけどゴムありだったから妊娠はしていない。彼氏に、「酔ってしまって覚えてなかった」と告白し、ふられた。

彼女が女優級の美女か、その浮気のセックスに物語があるか、彼氏とのまさに物語がない限り、女の軽率なセックスは男から嫌われる。

それがコンドームがなければ、男女双方慎重になる。ラブホまで行ったが、そのホテルにコンドームがなく（そんなことは滅多にないが）、キスやフェラチオだけで終わらせることもあるかもしれない。私にもその経験がある。ラブホではなく、高級ホテルならば部屋にコンドームはない。

コンドームを使っての好きでもない男とのセックス。

無論、始まりのキスから最後の愛撫までコンドームが付いているわけではなく、フェラチオのときは外れていたり、楽しくなってきた勢いで、「今日は安全日」と、それこそ恋人でもない男に告げて、生で入れてもOKを主張する。

男のほうが割と紳士だったとして、「いや、万が一のことがあるから」とゴムを付けたまま挿入し、射精は顔か口にする。ゴムの中に出す男も多いが、女性の許可を得たら、おっぱい、顔、口のどこかだ。

結局、コンドームを使ったそのセックスは快楽志向で、好きでもない男たちの精液を浴びてきたセックスで、彼女の彼氏になる男たちは当然、それを分かっている。自分が経験者だからだ。そんな女を抱いたことがあるのだ。

自分が好きになった彼女にそんな過去があって、さほど反省していないと、先程も書いたように、美女ではないかぎりその汚点は相殺されない。

美女というのはそれくらい有利だ。私だって美女でもない平凡以下の女の子が、出会い系サイトでパパ活をしていて、そこに神妙な物語（親の借金返済のためとか）もなく、海外旅行のためだったとすれば、その女性とは会話を持つこともないだろう。

しかし、トップ女優級の美女が、「過去に酔った勢いで好きでもない男とセックスをしたことがある」とカミングアウトした場合、彼女の美貌《びぼう》でその過去を帳消しにできる。男はこれからの生活でその美貌を役立ててもらおうと考えるか、単純にその美貌に見惚れていて、彼女のカミングアウトは耳に入らないだろう。「殺人を犯したことがあります」くらいしか耳に入らないのだ。

男とはそんなものだ。

ある美人女優かアイドルを盛んに「女神」と言っているのを、よくインスタで見かける。今までのセックスが、テレビ局のプロデューサーとの不倫だったとしても許すだろう。

私も含め、そんな男たちが最悪なのだが、実は「美の産業」をつくったのは、フェミニストたちだ。

男女平等とうるさいが、女性と女性の平等に無関心。

つまり、美人優遇を堂々とスルーしているのだ。

あなたは、石原《いしはら》さとみや白石麻衣《しらいしまい》のような超絶美女ではないはずだ。しかし、コンドームのセックスで汚れているかもしれない。どこかに書いたことがあるが、コンドームがなければ、結婚するまでの経験数が三人。コンドームがコンビニに売っていたり、ラブホに置いてあるから、経験数が三十人になってしまうのだ。まんまと、フェミニズムの策略にはまった頭の弱い先進国の人たちである。

ＨＩＶウイルスはとても感染力が弱い。

根絶させることは可能なのだ。東南アジアやアフリカから輸入されるようにやって来るなら空港で検査すればいいのだが、人権の問題があるのだろう。ワクチンを作れないのも不可思議だし、セックスの社会問題には闇が多過ぎる。

人類の歴史で、セックスの闇は男たちのレイプだった。

フェミニズムと同時に普及したコンドームが、さらに闇を増やした。セックスの汚い過去を持った女を増やしたのだ。

その過去は、堂々とした愛のないセックス。強引に男たちから受けた愛のないセックスではなく、女が自ら男の腰にまたがる堂々とした愛のないセックスだ。私にも経験はある。しかし私は男。風俗があるように、男たちには愛のないセックスは当たり前だ。

それを言うと、また男尊女卑と言われるが、現実を話しているだけで、私は男尊女卑の話も男女平等の問題も語っていない。現実はどうか、と言っているのだ。

現実だ。分かるか。

あなたがいくら、あなたの正しいイデオロギーをまくしたてても、現実はどうなっているか、ということだ。

女性が愛のないセックスを繰り返し、それで幸せになれるかどうか、世間を見ていれば一目瞭然だが、タブーだからそれに触れる週刊誌もない。逆に、「元AV女優、結婚できなくても幸せな人生」と美化するコラムを見かけることがある。

その幸せが、たくさんの男優やファンとセックスをした女の美しい体を褒められてきた幸せなら、私は納得する。しかしメンヘラな精神論をしゃべっているか、「それしかできなかったから仕方ない」という結論で、孤独だから話にならない。「人と話すことが苦手。だけどセックスならおしゃべりの必要はない。語彙《ごい》力がいらなくて、男性と仲良くできた」ということだとして、そのセックスで対人恐怖症が治っていればいいのだが、治っておらず、AV女優としての需要が三十歳を待たずに終わってしまって、アパート暮らしである。それなりに美人だからナンパはされるが、やはりセックスだけで終わってしまう。

それが幸せなら、その主観に感服する。ここでの幸せとは、常識的な男性と結婚し、まともな家庭を築くことだ。その家庭の夫婦の会話で過去のセックスのことを詰《なじ》られることもなく、夜のベッドの中でも「おまえはかわいい。とってもいい女」と言われる人生である。

そんな夫婦を激減させたのが、フェミニズムだ。そもそも、男女の結婚反対の思想なのだから、大成功なのだろう。

追記

「『セックス』っていっぱい出てくる本。草」……とか言う君。「エッチ」と言ってほしいなら、エロ漫画を読んでいて欲しい。

顔が醜い女子は無視するフェミニズム

フェミニズムは、「女の味方」のはずだ。

その思想が生まれた理由は、女性の参政権と、家庭に閉じ込められている妻や娘たちを父親の横暴な態度から解放するためだった。DVや夫婦間レイプもあったのだろうが、決定的な統計などない。

日本の老夫婦で言えば、仲睦《むつ》まじく暮らしているのがほとんどだ。老いてから離婚するなら、介護が嫌になるか、始めからその予定だった場合である。特に片方が認知症になった場合、介護するほうの苦痛が激しく、それで離婚することが多い。

欧米や日本の昔に、それほど父親が横暴で暴力的で妻や娘に乱暴だったなら、私はその時代の男ではないが、代表して謝罪をしてもいい。

さて、時を経て、フェミニズムは完成した。

完膚《かんぷ》なきまでに男たちを女性化させることに成功した。

女性たちは大いにフリーセックスに励み、実力があれば企業の管理職にもなれるようになった。「女性差別で管理職になれなかった」という女は、それほど実力があるなら違う会社に行くか独立してほしい。きっとそこでもなれないだろう。

その役割を終えた思想が、暇潰しのようにさらに活動的になると、百二十パーセント、マジョリティに迷惑を掛ける。

フェミニズムの役割は終わった。繰り返すが、男たちは勃起しなくなるほど弱くなったのだ。あれほどエロスを求めていた古い時代から、「AVも見たくない」という男子が出てきたほどで、フェミニストたちの思惑通り、学生服の男女の区別もなくなる勢いである。

すべての性犯罪は、「男のせい」であり、混浴もなくし、男子トイレに女性が入るのはよいが、緊急事態でも男子が女子トイレ入るのは駄目で、夏のプールで「娘が男たちの視線を受けないようにするための水着」まである。

話は少しばかり脱線するが、人間の脳は、珍しいもの、美しいもの、極端に汚いものに視線を向けるように指令を出している。知性を磨くため、危機管理のためである。平凡なものには視線は向けず、見飽きたものもあまり見ない。

男性風呂に父親と女児が入ってきたら、それを見る男たちは、「珍しい光景だな」と思って見るのである。もし、小児性愛の異常者がそこにいたとしたら、計画的にずっとその風呂に通っている男で、それは川崎で起きた通り魔事件くらい希《まれ》だ。事件になることも希で、事件になったとしても防ぎようもない。また、逆のパターンで、女性の風呂に母親と一緒に入ってきた男児の視線を気にする女もいるが、同じことだ。

自意識過剰だと言いたい。

なぜなら、「あなたは美しいですか」という話だ。

男児でもデブのおばさんを見て興奮などしない。男性の風呂に入ってきた女児にしても、ブスなら男たちは見ない。いるでしょう。とんでもないブスの幼稚園児。あるシングルファーザーが、娘と一緒に温泉に行くのに躊躇していた。

「ほかの男たちに娘を見られるのが嫌だ。温泉宿の中でイタズラされるかもしれない」

私は思った。

「おまえの娘、かなりブスだし、すでにデブ。誰も見ないと思う」


まず男たちは、美しい女しか見ない（少女ならかわいい少女）という話をしてから、タイトルに繋げていくと、子供の頃からブスで、鉄道の人身事故があるたびに、「次は私かな」と自殺願望を持つほどの女の子たちを、正義の味方のフェミニストたちは、四十年以上、無視してきた。

その上に、美の産業の手助けをしてきた！

世界中の女性の味方のようなふりをして、実は大いに美女の味方である。女の権利を訴える広告塔になる女性は美人と相場が決まっていて、太った女性をモデルに採用している企業はファッション業界の大手くらいである。

その企業はつまりスタイル抜群でもない太った女性に優しいのに、よくポリコレの標的にされてしまう。ポリコレとフェミニズムは似て異なるが、ポリコレの中にフェミニズムに似た思想は進化したかのように取り入れられていて、普段、女性たちを平等にモデルに使っているファッション業界の雄が、些細な問題で女性たちに攻撃を受けることもよく見られる。

フェミニズムのその醜悪な行動力は、お金になることでしか動いていないという事実にある。

昔は違ったかもしれない。初動だ。日本では「ウーマン・リブ」の時代のことである。しかし、今は違う。

ジェームズ・ボンドを女性にすることに躍起になっている時代だが、その映画の製作会社にいる、顔が醜く、結婚できない女性のための対策、活動はしない。日本なら結婚相談所が頑張るくらいだが、彼ら彼女らはフェミニストではない。ただのお世話好きの優しい人たちだ。経済力のある男性を連れてきて、お金に困っている女性やまさにルックスが悪くて結婚できない女性に、その男性と結婚させてあげようと頑張っている。そんなことはフェミニズムの思想にはほとんどない。

私が何を言いたいのかというと、女性解放運動をしたフェミニズムの思想も、今の暇潰しの活動も、あなたたち女子の味方ではなく、あなたのルックスがもし悪ければ、「自業自得。整形でもしろよ」という姿勢だということだ。

「我々フェミニストと女性の味方のリベラルは、国家規模の女性の解放と男女の性差をなくすことが重要であり、困っている個人の女子を助ける思想もなければ活動もしていない。セクハラなどで困ったなら話を聞きますが、あなたがルックスの問題で自殺したいほど困っていて、それがVS男でもなければ、VS男だったとしても、ブスで相手にされなくて自殺したいとか、そんな個人的なことは知りません。だけど、男と同じ制服にしたいと言うなら嘆願書に署名してほしい。はい。大きなシステムが変わるお話なら聞きますよ。ルックスが悪くて結婚できなくても知りません。基本、かわいらしい少女と美女が広告塔にならないと世間は見ないしね」

こう言っているのである。

フェミニズムの団体から、「ルックスの悪い女性のためにも頑張っている」と抗議が来ても、私は無視をする。批判をして無視をするのは卑怯だが、頑張っている様子などどこにも見えない。

今日もSNSでは、「スマホのインカメの顔面攻撃が怖い」と泣いている女子が大勢いる。どこかでインカメにしてしまい。スマホのカメラを起動したときに自分の顔のアップが映るということだ。

「死にたくなる。早くこの時代が終わればいいのに。インスタ映えって何よ」

彼女たちは言うが、インスタグラムも美の産業の頂点。フェミニズムの思想は、それに怒ることはなく協力している。

「女性たちが大いに活躍できるインスタグラム万歳」だが、そこで活躍するのは美女だけ。美女には「いいね！」が何百、何千と押され、美女ではない女子には友達が押すだけである。それに落ち込んで、鬱っぽくなっていく女子たちを救済する話など出てこない。

何よりも、長い年月日本で「ブス」という言葉が使われ続けていることが不思議でならない。これほど言葉狩りが蔓延しているのに、少女を傷つける「ブス」は大いに利用されている。私も使うしかないくらい代用できる日本語が少ない。

しかし、「ブス」と言われた女子が死ぬほど傷つくことを私はよく知っている。


男女の制服を同じにし、スカートを撲滅させることよりも、女性のルックスの差をなくす方法を考えてはどうか。


暇なんでしょう、あなたたちフェミは。

小学校のプールを見えなくするためにブロック塀を作り、そのブロック塀の下敷きになって少女が死んでも地震のせいにしているだけの軽薄な思想で生活しているなら、「ブス」と言われて泣いている女子を救う世の中にする方法を考えたらどうか。その女子たちも自殺しているとして、女性の解放は、男たちの暴力から女を守ることだったのではないか。それは終わったのか。

終わったなら、消えてほしい。

あなたたちフェミニズムの思想を持った人間は、この時代から消えてほしいのだ。偽善と強欲の塊で、しかも男に対して好戦的。正直、虫唾《むしず》が走るほど嫌悪している。

「今から私、駅のホームから飛び込もうかな。なんでこんな顔に生まれてきたんだろう」

「『かわいい』がセクハラ？　羨ましいよ。ブスってしか言われたことがない」

私には、そんな悲痛な心の叫びをSNSに書いている女子たちがたくさんいるという事実を知らせることしかできない。

不倫は「悪」か

「スリルを楽しんだら最悪だ。その不倫は愛じゃない」

これは私の台詞。

ある人妻に語った。その人妻から『昼顔』というテレビドラマを紹介された。テレビドラマは見る暇がなかったから、映画版のDVDをレンタルして観賞した。流行になった人気ドラマだったから、物語を知っている読者もいるでしょう。

「昼顔」とは、夫がいない昼間に浮気をする主婦のことを指す、昔からある言葉だ。なかなか別れない夫婦の物語だったようだ。物語だから引っ張らないといけないのだが、それを見ている人たちは分かっているのだろうか。

まずは、ドラマの中で不倫をされた被害者の二人がどうしようもない。不倫をしたほうではなく、されたほうだ。特に、斎藤工《さいとうたくみ》演じる北野先生の妻が、一向に離婚に応じない。

「なんでこんな坊やに執着するんだ」と笑ったら、「今はこういう草食男子が人気なのよ」と人妻の彼女が笑った。斎藤工演じる大学の先生は、初めて入った店で「メガネ君」と言われて怒らないような男だ。

とにかくその部分は脚本が現実から離れ過ぎているが、夫を奪った上戸彩《うえとあや》演じる紗和《さわ》に憎悪剥き出しで、離婚をしない北野先生の妻。もし結婚していなかったら、その妻はただのストーカー。違いますか。

では結婚していたら、それが許されるのか。単純に言うと、夫から振られた女なのだ。そこであっさりと離婚したらいいのだが、意地でも離婚しない。振られたのに。北野先生は不倫がばれた後にも妻に優しいが、それも仕方なく優しくしているのだ。心は完全に紗和に向いている。

繰り返し言うと、振られたのだ。紗和の夫も。もっと過激に言うと、寝取られた。寝取られたほうは、あっさりと引き下がらないと、負け犬の遠吠えを繰り返すだけである。

それが不倫の被害者のほうだ。無論、物語だから引っ張っているのだ。ほとんどの不倫で、意地でも別れないことはない。芸能人でもほとんどが離婚している。

不倫は、結婚があるから発生する。結婚しなければ不倫はこの世に生まれない。

そして結婚している夫婦に完璧な男女はあまりいない。いや、たまにはいる。だが、特に若いうちにセックスレスの期間があると、不倫が発生する確率は高くなる。

「セックス」という言葉を著書に使っただけで拒絶反応を起こす時代だ。「エッチ」と言えばいいようで、だったら、あなたたちはセックスを人生の優先順位の百番目くらいにしているか、お子様なのか日本語を大切にしないかだ。「エッチ」の語源は「変態（Hentai）」だと知っていますか。

それはともかく、冒頭で私は「スリルを楽しんだら最悪だ」と言った。悪になる。

妻が、わざと夫にばれる浮気をする。夫が、わざと妻がよく行く施設の近くで浮気相手とデートをする。スリルを楽しんで、離婚に持って行く。これは最悪である。私は見ていないが『昼顔』のドラマの最初のほうでは、吉瀬美智子《きちせみちこ》演じる利佳子《りかこ》がそういうタイプだったようだ。

　しかし、結婚後にセックスレスだったりセックスに不満があったりするまだ若い男女が、別の好みの異性に出会い、恋をしてしまい、なんとかこっそりとセックスをして、別の手段で離婚に持っていったり、正直に、「ほかに好きな人ができました」と頭を下げて離婚を頼んだりするのは、それほど悪くないと私は思っている（だが世間にばれたら一巻の終わり）。

　また、「浮気はしたけど離婚する気はない」と謝ることもあるだろう。隠したままもあると思う。それら、不倫に様々な形が発生するのは、結婚制度が複雑にさせているからに過ぎない。結婚していなければ、「バイバイ」で終われる。

　セックスのほかにも不満があるのかもしれないし、持病があって、それを夫（または妻）が軽視していることもある。女性なら夫との生活に将来の危機感を持つし、男性なら女を捨てただらしない妻に怒りが沸いてくる。そのまま生活を共にする必要は全くなく、子供がいてもその子供の前でケンカばかりしているくらいなら、別れてあ

お買い求めいただいた本のタイトル

■お買い求めいただいた書店名

（　　　　　　　　）市区町村（　　　　　　　　）書店

■この本を最初に何でお知りになりましたか

□ 書店で実物を見て　□ 雑誌で見て（雑誌名　　　　　　　　）
□ 新聞で見て（　　　　　　新聞）　□ 家族や友人にすすめられて
総合法令出版の（□ HP、□ Facebook、□ twitter）を見て
□ その他（　　　　　　　　）

■お買い求めいただいた動機は何ですか（複数回答も可）

□ この著者の作品が好きだから　□ 興味のあるテーマだったから
□ タイトルに惹かれて　□ 表紙に惹かれて　□ 帯の文章に惹かれて
□ その他（　　　　　　　　）

■この本について感想をお聞かせください

（表紙・本文デザイン、タイトル、価格、内容など）

（掲載される場合のペンネーム：　　　　　　　　）

■最近、お読みになった本で面白かったものは何ですか？

■最近気になっているテーマ・著者、ご意見があればお書きください

ご協力ありがとうございました。いただいたご感想を匿名で広告等に掲載させていただくことがございます。匿名での使用も希望されない場合はチェックをお願いします□
いただいた情報を、上記の小社の目的以外に使用することはありません。

郵便はがき

料金受取人払郵便

日本橋局
承　認

7004

差出有効期間
2021年9月
29日まで

切手をお貼りになる
必要はございません。

103-8790

953

中央区日本橋小伝馬町15-18
ユニゾ小伝馬町ビル9階
総合法令出版株式会社 行

本書のご購入、ご愛読ありがとうございました。
今後の出版企画の参考とさせていただきますので、ぜひご意見をお聞かせください。

フリガナ お名前	性別 男・女	年齢 歳
ご住所 〒 TEL（　　）		
ご職業 1.学生 2.会社員·公務員 3.会社·団体役員 4.教員 5.自営業 6.主婦 7.無職 8.その他（　　）		

メールアドレスを記載下さった方から、毎月5名様に書籍1冊プレゼント！

新刊やイベントの情報などをお知らせする場合に使用させていただきます。

※書籍プレゼントご希望の方は、下記にメールアドレスと希望ジャンルをご記入ください。書籍へのご応募は1度限り、発送にはお時間をいただく場合がございます。結果は発送をもってかえさせていただきます。

希望ジャンル：☐ 自己啓発　☐ ビジネス　☐ スピリチュアル

E-MAILアドレス　※携帯電話のメールアドレスには対応しておりません。

げたほうがいいと私は思う。
別れてから好きな人を見つけるのが最善だが、そのタイミングがたまたま早まったのが不倫の恋だと思っている。人が何かに迷う期間は長いものだ。特に、制度、慣習に囚われるととても迷う。まさに結婚収容所みたいなものだ。

わざとスリルを楽しむように、不倫をするために男を探して歩く女は最悪だし、同じく、浮気ではなく、本気で次の妻を探している男も最悪だ。お金を払えば抱かせてくれる風俗嬢との浮気ではなく、妻がいるのに真剣交際をするための女を探している男に対しては、「先に離婚を頼め」と思うわけだ。新しい嫁の候補が見つからなければだらだらと妻と一緒にいて、いい女が見つかったら不倫をして妻を見捨てる、ということだ。

不倫は複雑だ。
偶然、旦那よりも魅力的な男性と出会ったのが『昼顔』の上戸彩が演じる人妻だ。
あの坊やのどこが魅力的なのかは分からないが、斎藤工だからドラマがヒットしたのであって、本当にお坊ちゃん俳優が演じたら、ヒットはしなかったと思う。まあ、異性の好みは人それぞれだから、上戸彩演じるヒロインはあのタイプの男が好きだったのだろう。

本書はフェミニズムの善悪を問うものだが、不倫をここまで悪にしたのはフェミニズムだろうか。

フェミニズムが悪にしたのは、「男のセックス」であり、フェミニズムは、女のセックスには大いに賛成なのだ。

本当に殴りたい気分だ。だから不倫が流行し、妻も簡単にほかの男と寝てしまう時代になった。フェミニストたちは、どうやって男たちを悪にするか、大いに悩んでいると思う。これ以上、不倫が極悪とされると、また妻が家庭に閉じ込められる懸念がある。フェミニストたちはどう思っているのか。

倫理観の蔓延は、セックスに集中しているわけではない。

大麻をやったら、死ぬまで叩かれ、軽蔑される。だが、また予言をすると、日本でも二十年後には部分的に合法化しているだろう。代わりに煙草がなくなっていると考えられる。アメリカなどに習って大麻の合法化を政府与党が検討を始める。最初は、医療目的だと思う。鬱と診断された人が処方箋で大麻をもらえるということだ。


話は逸れるが、ほかに書く場所がないからここで言いたい。

イギリスでベトナム人三十九人が、トラックの荷台のコンテナの中で死亡する事件が起きた。凍死だったと思われる。ベトナムからの不法渡航で、イギリスで出稼ぎをするために若い女子も渡っていた。

仕事は、大麻の栽培である。ベトナムの貧困の闇ばかりが報道されたが、「大麻」のキーワードがあまり出てこなかった。

「ここでスルーか。さすがだな」と私は苦笑いだ。

安易に栽培できる大麻。アメリカで大麻が禁止になったのが、一九三七年頃から。それまでは大活躍していた自然植物だった。資本家たちが、石油や医薬品、化学製品を「カネ」にするために、大麻を「恐ろしい植物」と世界に植え付けた。そのプロパガンダが、いまだに日本では残っているのである。日本でも古来、大麻は普通に庶民にも使用されていて、用途は様々だが、突然禁止になった。そのまま他国とは違い、「恐ろしい麻薬」のままである。

すでに、嗜好品としてはアルコールのほうが恐ろしいと実証されている。そしてまだ大麻が禁止されている国の人々が欲しがり（痛みに効くから末期がんの患者や痛み止めのアレルギーがある人などにも有効）、ベトナム人たちがひょっこりと行っても栽培できてしまうから、需要があり過ぎて、悲劇的な事件が起こってしまった。

まだ若いベトナム人女性は、両親に携帯で「お父さん、お母さん、失敗しました。愛してます。もう息ができません」とメールをした。

昔から人々が行っていることで、大麻の場合は使用していて、突然、何かのプロパガンダで禁止になったり、軽蔑されるようになったら、逆に犯罪を生んでしまうのだ。分かるか。そこの上辺だけの人たち。

セックスについても同様である。女子高生のセックスを解放しないから、彼女たちの絡んだ犯罪が増えるのであり、解放したら、犯罪は激減する。殺人以外の犯罪を増やしたい世の中だから仕方ないが、不倫の問題でまとめると、セックスレスの夫婦のどちらかがセックスができる体だったら、セックスを求めるために異性を探すのは当然で、本能のようなものを結婚制度で縛っていることに無理があるのだ。

不倫をゲームのように楽しむ輩《やから》は最悪だが、結婚してみたらセックスが淡泊な夫にストレスを感じ、テストステロンが出ている男性に惹かれて、ベッドインしてしまうのは当たり前と言える。

それを我慢しろ?

心理カウンセラーの偉い先生方は、ストレスに「我慢」「頑張れ」は禁句だと言っているではないか。ストレスで勃起しなくなった夫やストレスで生理が来なくなった妻には、「頑張らなくてもいいよ。我慢しなくてもいいよ。素敵な異性を見つけなさい」ではないのか。

ああ、結婚していたら妻が鬱になっても、「主婦は頑張れ」なのか。

「セックスで弾けてみたいです。学生時代のそれが楽しかった」

「我慢しなさい。人妻なのだから」

そう言いたいのか。おかしいではないか。

様々な問題が出てきた原稿になったが、この世界は矛盾に満ちていると、何度でも言っておく。

偽善の匂いが漂う父親の育児休暇

私の友人女性は、結婚後、出産して産後鬱になったらしい。旦那さんも少しは手伝ってくれたようだが、彼女はもともとイクメンタイプの男は嫌いで、悩んでいたようだ。今は元気にしている。

久しぶりにメールをしたら、「イクメンを希望する女性友達が多くて呆れている」と言葉が返ってきた。

彼女は、言った。

「イクメンって目の前の妻しか救えないよ」

なるほど、意表を突いた名言だ。男が育児に専念していて、社会を、世の中を救えるのか、という意味だ。

大臣になった途端《とたん》に育児休暇を取ることを宣言した男もいたが、そのときに大災害が起こったら、さっと任務に戻れるのか。そもそも国を背負った大臣である。他国の例を挙げていたが、最新の生活の形の何もかもが「正しい」かどうかは分からない。

最新が何もかも正しいと錯覚するのが、人類の欠点でもある。

大臣の男が育児休暇を取ることで、「君たちも取ってください」というアピールなのだろうが、企業では常に育児休暇の混乱がある。一生独身の男女は怒り、重要なポストに就《つ》いている男の育児休暇は会社の業績に影響を与える。

単純な事例を挙げると、私が乗っているメルセデスの営業マンが育児休暇を取っているときに、私が欲しいベンツが出て、それが限定車だとしよう。輸入車の限定車はあっという間に売り切れる。担当者が育児休暇でおらず、迷っているうちに「日本に輸入されたその限定車はもう売り切れました」と言われたらどうか。会社のイメージは悪くなって、私はそのディーラーと決別するだろう。

え？　たかが車のことで？

メルセデスの高いものなら一千万から三千万円するんですよ。そんな大金を動かしている営業マンが育児休暇をしていたらどうかと思う。もっとも、これは想像の事例であり、私はまだそのような被害には遭っていない。

さて、私がよく口にする言葉がある。

「目の前の個人をまず救え。それができないのに、多くの人を救うなんて偽善だ」

正しい言葉だ。自分が言っては説得力がないが、正しい。

しかしそれは、力がない人たちに向けた言葉である。目の前の人も救えないのに、遠くのマイノリティの人たちを気に掛けていたり、目の前の人も救えないのに、沖縄の基地建設反対に出向いたりしているのでは本末転倒ということだ。

私は人種差別などの差別問題に敏感だし、勉強もしてきたから、この類の問題（偽善、真実、人間の本質）を考えることはライフワークにもなっている。

まず、人間の本質をひと言で表現すると、「偽善」ということだ。
ラース・フォン・トリアー監督がこのテーマを追求していて、名作を多く発表している。ニコール・キッドマン主演の『ドッグヴィル』という名作を観ていただきたい。偽善者たちの村に逃げて来たキッドマン演じる美女が、ひどい目に遭う話だ。彼女と寝たい村人たちの説得方法は巧みで、そう、道徳的な言葉を言っているようで嘘ばかりなのである。

育児休暇が絶対に悪徳とは言わないが、どこか偽善の臭いが漂い、どこか人間の本質から外れ、どこかそれはフェミニズムの洗脳によるものと勘ぐるのだが、最後の部分は本当だろう。

育児休暇を取る男たちは、その結果、どうなるか。
様々な「どうなるか」を、何も考えていないと思う。

知識、知性があまりないのかもしれない。

私の知人の育児休暇を取った男たちは、育児が終わると弾けているが、女性の皆さん、それでもいいのか。弾けるとは浮気三昧ということだ。あるいは浮気はしなくても、友人たちと遊びまくるものだ。「育児を手伝ったから、後は俺の自由だ」と思うのか、男の本質から外れたことをしたから頭がおかしくなったのか、どちらかだろう。頭がおかしくなったのではなく、男としての元の姿に戻ったとも言える。

では、新妻が産後鬱になるというが、産後鬱とは何か、それを勉強したことがあるだろうか。

日本では、鬱、鬱、鬱……。何もかも鬱にしてしまい、恐らくその記事（コラム）で稼ぐ輩がいて、薬も売りたいのだろう。現実に、日本の抗鬱剤の消費量は世界一だが、ほかの先進国でも鬱病になっている人たちは多くいる。日本ではすぐに「鬱病です。はい、薬」と診断されるのか、薬に頼り過ぎとも言える。

どんな女性でも、産まれたばかりの赤ちゃんがずっと泣いていたら疲れてくる。夜泣きをされたら眠れない。ちょっとしたことで病気になるから、小児科ばかりに通わないといけない。それで体調を崩したとしたら、それは自立神経失調症で、鬱ではない。不規則な生活で疲れてしまったのだ。

それが産後鬱の定義なら仕方ないが、私の中では違っている。産後鬱は、最悪で子供を虐待するようになる精神状態だ。母親が我が子を殺そうとするくらいである。

それが実行されたとして、その九割が貧乏な家庭だ。

そしてそれは昔から変わらない。


ある程度お金のある家庭では子供を殺すことはなく、貧乏だと殺す確率が上がる。


しかし、裕福な家庭の赤ちゃんも夜泣きをする。そのときに夫が自宅にいないこともあるし、寝ていて起きないことがある。なのに、裕福な家庭の妻（子供の母親）が、夜泣きを繰り返す子供を殺すことはあまりない。

貧乏な家庭と同じ状況になって、もちろん、「眠れない。なんで泣きやまないの」と呆然としていても、そして疲れてきても、産後鬱にならないのだ。なったとしたら、それは鬱ではなく、ただ疲れただけだ。

子供を殺さないことからそれがわかる。虐待も滅多にない。

躾程度はあると思う。裕福な家庭は父親が厳しいことがあるから躾はするかもしれなく、それを虐待と言われたら私には返す言葉がないが、目黒の事件の虐待と躾のビンタ一発とを同列にしたがるのはやめたほうがいい。目黒の女児を虐待した若い夫婦のあの残酷な行為と、飼い猫を叩いた子供の頬を「弱い猫ちゃんをイジメたらダメだ」と強めに叩くのと、同じ「虐待」にしてしまった世の中だから、大混乱だ。

言葉で説得？

おまえら、ふざけるなよ。

大人になっても満足に日本語をしゃべれないのに、五歳くらいの子供をどう説得するんだ。おまえら、「ガチ」「ガッツリ」「草」「くそ」「マジ」しか口にしないじゃないか。まさか、急にルソーやゲーテのようにしゃべれるようになるのか。

会社に勤めて社会貢献をしている男が育児休暇を取るべきなのは、まさに妻が本当の産後鬱になったときだ。それは子供の虐待をする気配が見えたときや、自分たちが貧乏だと自覚しているとき、子供はできてしまったが、将来がとても不安なときだ。お金がないのに生でやりまくって子供ができてしまうような男女に、将来を考える頭はないと思うが、言い変えれば、だから子供を虐待するのである。

社会的に弱い男女、気持ちの弱い男女が、もっと弱い人間に暴行を働く。もっと弱い人間とは「子供」だ。

母親の子殺しというのは実は世界中でとても多く、その多くが子供の将来に不安を持って、凶行に出てしまうものだ。

もっと言うと、実は父親が子供を殺すよりも、圧倒的に母親が子供を殺すほうが多い。なぜかと言うと、産まれてすぐに遺棄する殺人が多いからである。駅のトイレに産み落とすというものだ。それはその瞬間、精神が蝕《むしば》まれてしまった鬱状態だろう。ちょっと疲れたわけではなく、そしてその女性はお金もきっとない。

それら、圧倒的に多い母親の子殺しは取り上げてもお金にならないのだろう。フェミニストたちのコラムでは語られない。ものすごい偽善っぷりである。母親が殺しているのも体裁が悪く、なんとか妊娠させた男のせいにしたいが、誰の子か分からないほど遊んでいる少女だったら、もう、スルーするしかなくなる。

それを「人間の本質は偽善」と言っているのだ。

「イクメンの男の人としか結婚したくないんだよね」と言っている女性がいたとしよう。その男は育児休暇を申請した帰りの駅で、様子のおかしい少女がいても見向きもせず、我が子と妻がいる家庭に飛んで帰る。会社も休めてウキウキしているだろうが、日本には、それどころではない女子が大勢いる。その女子たちをどうするか、先の二世大臣は考えているだろうか。

さらに言うと、本当に生活が苦しい家庭では育児休暇は取れない。その家庭に虐待や子殺しのリスクは高いが、育児休暇を取れるのは、ある程度余裕のある家庭だ。

女たちがイクメンを希望するのは、「育児に疲れたくないから」という自己中心的なことで、まさに世の中のことなど考えていない。

私にも疲れることは山ほどある。

メルマガには編集者がいない。誰かに誤字、脱字の校正をしてもらいたいが、アシスタントはすぐに辞めてしまうから、もう一人でやるようにしている。恋人がいたとして、「仕事を休んで、君がやってくれないか」とは言えない。育児とは比較にならないが、少々、女たちは自己中心的過ぎて、男たちはフェミニズムに完全に洗脳されていないか。

赤ちゃんは、おっぱいのない男親に抱っこされても、お腹が空いていたらストレスになる。それも「エビデンスはない」とフェミニストの心理学者か生物学者が頑張って論破してしまったが、エビデンスも何も、ぱっと見、当たり前である。空が青くなったり白っぽくなったりするのを「違うことだ」と論破したがるようなもんだ。空は空。どうでもいいのだ。

母親から、「子供に対する優しさの本質」を奪ったのもフェミニズムだ。

さて、最後に産後鬱とは少し違うお話をしたい。

昔は、母親が子供をよく殺した。大昔だからトイレに産み棄てたのではなく、わざとである。

まずは、戦国武将などの子供だ。次男や三男、将来長男に殺される前に、自分の手で殺しておく。または側室の息子に、才能の片鱗《へんりん》が見えたりすると、正室の長男に殺されるから、自分の手で殺してしまう。

第二は今と似ていて、生活ができないのに産んでしまうから、仕方なくということだ。この場合は娘が殺されることがある。もちろん、今で言う小学生くらいになったらその娘は売られていく。

後者の話をすると、フェミニストの連中は、夫たちのレイプによるものだったとうるさいが、昔は伝染病のワクチンなどがなく、子供があっさりと死んでいったから、どんどん産まないと逆に子孫が残せなかった。ある村で、隣の夫婦は子供が五人。自分たちは一人では、「その子が死んだら、おしまいだぞ」と批判されてしまうから、また妊娠するセックスに取り組むしかない。しかし、伝染病などで死なないこともあり、子供が増えてしまったら、生活が困窮《こんきゅう》してしまっていたのだ。

これほど悲壮だった時代に鬱病の薬はなく、そうでもない時代に「イライラするから」と大量に薬を飲んでいて、夫や妻に八つ当たりをしているのだから、人間も堕ち

たものだ。

せめて、子供には当たらないようにしてもらいたい。

あなたは産後鬱にはならない。

産後鬱になりたくなければ、優秀な男を探すことだ。お金を持っていれば、ベビーシッターも雇えるし、ダスキンが部屋の掃除をしてくれる。

イクメン志望の萎《な》えた男よりも、先に「優秀な男」を探してみてはどうか。

問題の根を捉えて正しさを主張しろ

ある日、私のことを「正論自滅キャラ」と言った男がいた。
「正論を言うと自滅するのか。変なの」と私は苦笑したが、正論を語ることはとても勇気がいるもので、あなたたちも、上辺だけの会話や議論をしていないで、正論を女性や上司に言ってほしい。

正論を語る方法は、ある物事の根っこを調べて、そこが間違っていたら追求する。間違っていなかったら、その根っこの正しさを語ることだ。

非常に簡単で、大衆は勇気がないだけである。

本書のフェミニズムに対する批判論も、根っこを語っているものがほとんどで、正論になっている。正論を語ってはいけない世の中のようだから、私が自滅していくということだ。

逆に言うと、偽善的に嘘や綺麗事を語っていれば、人気が出るか平穏に生きられるのかもしれないが、その結果、悪徳が栄えるという反動が出てしまっている。

根っこを議論せずに、枯れた枝の先を切っているだけの世の中だから、様々な矛盾が生じたり、犯罪や災害の被害者が出たりするのだ。

学校の虐め問題はその最たる事例で、加害者になる生徒は学校に通い続け、被害者の生徒は不登校になり、修学旅行にも来ない。引率している教師は無感情に職務を続けているが、まさに枝を切っているだけで、勇敢な行動力も発揮していない。

大木の根元は、加害者の生徒の親、そして親を教育した誰かだ。そこを改善しないと、虐めを実行する少年少女はいなくならない。親なら、「うちの娘は、あの子をイジメたりしない」と言うだろう。

昔もそうだっただろうか。虐めはあまりなかったが、親はそんなに間抜けだっただろうか。

では何が変わったか。そこを改善するべく、勇気を出さないといけないのだが、相手が強いからか、生徒への注意くらいで終わってしまい、学校は隠蔽《いんぺい》することもある。学校の制服を男女同じにしてしまうほどの強権を発動できるどこかの団体か政治家たちが、虐めの問題で強権を発動しないのはなぜか。それは知らない。前者が簡単で賛成派が多く、後者が難しく反対派が多いとも思えない。

今、私は「知らない」と謙虚に言ったが、こうして話を続けているこの言葉が正論なのだ。根っこの一部だ。男女の制服を同じ形にする（男子の制服姿に統一する）よりも、虐めをどうするか、そちらのほうが遥かに大事で、かなり大問題で、深刻で、少年少女たちの人生も大きく変えることだ。

一方、制服を同じにしようと頑張ることなど、さしたる問題ではなく、少年少女の人生を左右することもあまりない。と言うと、「スカートをはいていて視線で犯されて人生が狂った」という反撃がやってくるが、その件については、男たちに失明をしてもらうしか、方法はないと言っておく。それを「ゼロにしないと気が済まない思想」と私はよくツイッターで語っている。

虐めのほうはもっと暴力的で、まさに虐めの中にはレイプも含まれ、男子に対する性的な虐めも含まれている。全裸にしたりするのだ。

なのに、ほぼ放置されたまま何十年も過ぎている。その間に、大人たちがやっていることは、大人に少年少女、特に少女を見せないようにプールの周りに塀を作ったり、大人が少年少女を誘拐しないように集団下校をさせたりだ。それもありだと思うが、その集団下校の中に、虐められて泣いている生徒はいないのだ。登校拒否になってしまっている。町内会のボランティアのおじさん、おばさんたちが横断歩道で旗を振りながら、「あの子はいなくなったな」と思っても、そのままである。

私はこの観察力で、よく泣きながら歩いている少女を見つけてしまう。中には知人もいた。しかし、いつも車だから声もかけられない。誘拐犯として通報されてしまう。昔は公園で泣いている少女を家まで送り続け、親御さんに感謝されたことがあった。

「うちの娘、今度東京駅まで一人で行くときにお願いできますか」なんて言われたこともあるほどだ。

少年少女たちに、「味方になってくれる大人がいる」と思わせることもできなくなった。

そんな時代になった原因はどこにあるか、それを調べれば正論を語れる。

テレビドラマでは、そんな他人の大人が味方になって助けているではないか。だから、脚本家や映画監督たちもそれを理想としているのだ。

結果には原因がある。

分かりやすく言うと、大型台風がやって来たり、大雨が続いたりするその結果は、人間様が地球環境を破壊したからだ。これがまぎれもない正論で、それを認めない連中には、「神様、助けてくださいとか都合の良いことを言ってるんじゃない。地球に対して徳でも積んできたのか」と言えばいい。徳を積んで初めて、「神様、助けてください」とお願いできるのだ。紀元からずっとそうだ。

そう、紀元がここでは根っこだ。

さらに地球に対して「徳を積んだか」という言葉で、「神様、助けて」という都合の良い泣き言は論破できる。オゾン層の破壊のことも調べて、その台風ばかりやって来る地域の海にペットボトルでも捨ててあれば、もう人々には「我慢するしかない」と言わせることができる。

もちろん、「頑張ってほしい」という応援を込めてだ。

千葉県で大雨の災害が続いたが、九州は毎年だ。千葉県だけではない。「千葉に恨みがあるのか」という神様か地球への恨み節は、却下する。

千葉の方たちが悪いと言っているわけではない。これから千葉県が復興するとは思うが、大雨対策はしても、地球環境を整える活動を千葉県知事がするかどうかは分からない。根本はそちらであり、大雨対策も必要だが、それは枝の部分に過ぎない。

東京オリンピックで森林を伐採し、その森林の一部は東南アジアのものであり、そこで環境に変化が起こっていたら、台風が発生する確率が少しだけ上がるかもしれないし、東南アジアのその地域の気候に変化が起こっているかもしれない。
真夏の都内でのマラソンが過酷だから、早朝に行うとか、札幌で行うとか、緊急事態とはいえそうなったのはなぜか。東京オリンピックは二回目。前回は十月からの開催だった。今回、真夏にしたのはなぜか。
環境問題が根本的過ぎるというなら、そこを問題視してほしい。

本書の大筋の問題である「フェミニズムの暴走」も、私は根っこから語っている。だから「女性差別主義者」と言われてしまうのだろう。正論は自滅するのだ。正論とは、正しい論理だから、それで自滅するとは滑稽《こっけい》だが、そういう世の中なのは昔からだから、正論の自滅論は語らない。

皆、正論を考えず、勇気を忘れ、楽に暮らしたいのだ。

だが、その結果、人生は苦しくなっていくパラドックスに気付かないのも人間の性質である。

「女の役割」

第二部

「男の役割」

「私は女です」が男女の優しさを生む

今、「モザイク脳」という脳の構造を研究している人たちがいる。女性の社会学者だったと思う。いや、脳を研究できるのだから脳科学者か。あるいはその人たちの共同研究か。ちょっと書斎の棚にある科学誌を開けば分かるが、くだらなくてページをめくって探す気にもなれないと、呆れている。

「いや、里中、ちゃんと調べてくれよ。おまえの本は適当過ぎる。もっと専門的に」と思った読者もいるかもしれない。

しかし、例えば「クレオパトラは実は美女ではなかった」とか、歴史学者か人類学者が研究しているとして、それは、もうどうでもいいことだと思わないか。それを誰がどう調べているのか、その費用はどこから出ているのか、私やあなたが調べることが時間の無駄ではないか。

時間とお金の無駄遣いをしている研究を、私は昔から軽蔑している。

モザイク脳とは、要は「男女の脳は同じだ」とわめいているまさにステレオタイプの女性学者が発表した研究結果で、「女も男のように才能があって、男のように能動的に働けて、男のように強くて……」という言い分だ。そしてモザイク脳は立証されつつあるらしい。

もし、全く同じ脳だったとしても、女性ホルモンが活発に分泌されるように促すのは女性の脳で、セロトニンが活性化するのは男性の脳で、甘いものばかり欲しがるのは女子たちだ。それは「男は甘いものを食べたら恥ずかしい」という社会が創り出したジェンダー問題でもなく、ほとんどの女子がスイーツなどの甘い食べ物を欲しがる脳になっているのだ。

「ほとんど」と書いたのは、当たり前だが、男性に似た脳を持った女性も何割かはいて、性同一性障害の女性はまた別だろう。

タピオカを「美味しい」と盛んに飲んでいるのは女子たちで、「男たちは本当は飲みたいのに、『俺って流行に乗らないイケてる男』に見せたくて飲まないんだろ」とネットに書いてあったが、本心からタピオカを行列に並んでまで飲みたいと思っている男性は少ない。

　飲みたいのではなく、インスタグラムに載せたいのだと思う。アイドルやかわいい女子高生に合わせて「俺も飲んでる。美味しいよね」と言っていて、まさにどこかの美人じゃない女子がせっせと飲んでいたら、「太るぞ。それ」とか言っているものだ。

　ほかにもかぼちゃや芋類が好きなのは、昔から女性だ。私の息子はジェンダーフリーなど知らない幼少時代からかぼちゃの煮物を避けて食べていたし、肉じゃがの肉だけ食べて、彼が残したジャガイモは母親が食べていた。「想定内。私がジャガイモを食べるために作っている肉じゃがだ」と彼女は言っていた。

　異論はないと思うが、私の古い友人に、ケーキや女性が好む食べ物が好きな男がいた。彼は疲れていたし、少々男臭さの少ない性格だった。私も疲れていたら甘いものを食べる。女子たちは疲れるのを嫌がり、疲れが出る前に甘いものを欲しがるのかもしれない。

女性が甘い食べ物を欲するのにも実は脳の影響があるのだが、私は「歴史的な問題」だと思っている。

きちんとした国家が誕生してから、ざっくりで二千年だとして、その間、たとえ王が女性になっても、腕力と体力で勝っていた庶民の男たちは、女たちをレイプして回り、戦争はずっと続いていた。

途中、欧州では部分的に飢餓になるほどの戦争もあり、疲れ果てた女性たちには、すぐに甘い食べ物を手にする遺伝的慣習が生まれてしまったのかもしれない。二千年弱で脳は劇的に変化しないと思うから、そういう癖ができたということだ。

あなたはこう考えるだろう。「二千年もあって、その間、女性たちがそれほど社会的に影響を受けたら、脳に劇的な変化も起こるのではないか」と。私もそう考えている部分はある。

しかし、9・11以来有名になったPTSDは昔からあったはずだ。要はトラウマだ。恐らく、これも二千年以上は、戦争や殺人のショックを受けた人々の間であった心の病だとして、それを改善させる脳に進化はしていない。

二千年ほどで、脳が劇的に進化をすることはない。

さて、話を男女の違いに戻すが、脳の構造よりも、最も違うのは筋力である。骨格とも言える。

女性に生まれて男性と同じ骨格になるなら、スポーツ競技を男女別にする必要がなくなる。一般社会でも、同年代の健康な男女が同時に駅の階段を駆け上がったら男性が先着するし、駆け下りたら男性は途中で飛び降りるほどだ。女性はヒールのない靴でもそんなことはしない。揚げ足を取る人がいるから補足しておくと、陸上をやっていた女子なら、階段の五段飛びくらいはするだろう。

フェミニズムの異常性は、言うまでもなく、動物のオスとメスの区別を付けることには異論がないのに（そんなことないか）、人間の男女は区別してはいけないと言い張って、時代を変革させてしまったことだ。

男と女を「同じ」にする政治活動は成功した。

今や、若い女子がトラックの運転をして事故に巻き込まれる時代になったし、学校では女子の制服をズボンに変えることに向かっていて、先進国では女性兵士も誕生していて「かっこいい」らしい。米国の人気ミステリードラマで、女性スパイのような女が、銃と暴力でどんどん敵を倒していき、その美貌と相まって人気が出た。昔のことだから忘れたが、その役者さんが「女性の代表のようになりたい」か「輝く女性の目標になってうれしい」か、そうインタビューに答えていたのを見て、「なぜ、人殺しの役柄が女性の目標になるんだ」と私は絶句してしまった。

男性的な暴力的行動がかっこいいのなら、それは劣等感の表れだ。逆説的に男たちの暴力の歴史を肯定していることになる。

そもそも、男性兵士たちは死にたくなかった。かっこいいわけではないのだ。ハリウッド映画には、「アメリカのために命を捧げる」といったようなシーンが散見されるが、もともと職がなかった下流階級の男の子たちや志がなかったダメな男の子たちの行く末である。高学歴の兵士たちは指示する場所に座っていて、命の危険はほとんどない。

こちらも例外はあるだろうが、日本で言うと、インパール作戦の大本営の偉い人たちは前線でいたのか、ということだ。あの無謀な作戦を決行し続けた牟田口《むたぐち》司令官がいた司令部は前線から離れていたので、彼は生きて帰還している。

戦争の兵士になって、前線に立ち、敵を殺したり、爆弾を投げたり、それはかっこいいことではない。もし、自国を守るために兵士に志願することが「かっこいい」として、戦争が始まり、女性兵士たちは腕がなくなり死んで、顔を火傷して帰還してくる。「かっこいい」と褒めても、本人はまさにＰＴＳＤになっていて、それほど気分は良くないだろう。

まだ事例がないから明言できないが、フェミニズムの末路は、戦争がまた始まって、女性兵士が死んでいったら判明すると思う。「女性を男性と同じにしようとしたことは、ひどく間違っていた」と。

私は男なら戦死してもよいと言っているのではない。インパール作戦のドキュメンタリー映像をどこかで探して見てほしい。日本兵が武器も食料もないのに、イギリス軍に泣きながら立ち向かい、死んでいくのを、ビルマ（ミャンマー）の村人たちが覚えていて、彼らが遺品、遺骨を大事に残してくれている。

彼ら村人たちが作ったお墓の周りには、日本兵の幽霊が現われるといわれている。男でもこんな玉砕戦法で戦死するのは無念だし、戦争を知らない私たちがいくらその魂のために祈っても、彼ら戦死した兵士たちの傷は癒えない。

日本だけではなく、ベトナム戦争ではアメリカ軍とて、酷似した経験をしている。敗戦濃厚になってくると、精神論や感情論で戦い続け、多くの兵士たちが無駄死にしてしまう。

その中に、美しい女性がいてはいけない。……と言うとフェミニストの人たちは怒るから、フェミニズムは血も涙もない思想に成り下がったということで決定している。

戦争を例に極論になったと思うが、若い女性たちが、男のように肉体労働の道を選ぶことも、女性が出世することが難しい企業に就職することも、かっこよくはないのだ。

輝く女性のように見えるが、ほかの女性と違うことをすれば輝いているように見え

るだけだ。

トラックの重い荷物を運べなくて、男性社員が手伝うことは当然のこととしても、合理的ではない。デスク上でなんでも済ませてしまう超合理的主義の資本主義社会においては、女性がわざわざアナログの肉体労働の世界に入っていくことは時代に逆行した行動と言える。

女性が男性社会に進出するなら、まさにパソコンを使って新しいソフトを開発したり、語学を駆使して映像通話などで世界各国の人に営業をすればよい。男性的な肉体を酷使した仕事をすることも、男性的な言葉遣いや生活態度を真似《まね》るのも、女性のすることではない。

やがてその姿勢は、あなたたち女性も、相手をしている男も疲れさせる。

更年期障害に罹りやすいのは女性のほうだ。早くて四十歳。男だったらまさに働き盛りだ。その疲れてきた女性のあなたを、男たちが助けてくれるのか。「脳が同じ、精神が同じ」と言って、男性的に行動してきて、男の優位に立とうという態度でいて、突然女性的に疲れたときに、「急に女になったのか」と、思われたらどうするのか。

「もともと女です。私は男じゃない。職場という戦場で戦いたくない。体に優しい仕事がしたい」が、男女双方に優しさを生むのだ。

女と男は同じ肉体なのか。
同じ脳なのか。
きっと、全く違う。

なぜ富豪が女性蔑視《べっし》の発言をするのか

トランプ大統領や、台湾の富豪で先の総統選挙に出る噂があった男（実際には不出馬）など、女性蔑視の発言をする富豪が多くいる。ハリウッドのスター俳優がセクハラを繰り返しているのも、その傾向に当てはまるかもしれない。

極端に頭の悪い男が新妻にＤＶを繰り返し、子供を虐待するのは、女性を軽視しているのではなく、暴力的なだけだ。

命の重さも理解していない人間で論外だ。

一方の富豪たちは、頭が良く、すなわちＩＱが高いから地位を得た男たちだ。

なぜ、イメージを損なうことを分かっていながら、女性を蔑視する発言を繰り返すのか、考えたことがあるかどうかということだ。


私は当然、考えたことがある。

ありますか。

女子の皆さん、ありますか。

もしかすると、とてもイケメンの紳士なあの有名スポーツ選手も、資産が数億円あるあの独身のタレントも、女性を蔑視しているかもしれない。

それはなぜか。


「結果には原因がある」

似たような言葉がタイトルになっている自己啓発の有名な書物がある。内容は抽象的でスピリチュアル的で、私には用のない本だが、タイトルはとても好きだ。

「女性を蔑視すると失墜する時代なのに、女性を堂々と蔑視する男。それには原因がある」

結果には必ず原因があるんだ。

あなたたち女性が、もちろん全員ではないが、お金持ちの男の財産に近寄るからです。

確定なんだ。富豪の男たちは、「結婚したのに愛がない」と分かっていて、美貌とセックスだけで妥協する。米国なら結婚する前に、「浮気をしたら離婚して財産の半分以上の慰謝料をもらう」という誓約書を書かされる。弁護士が同伴していて、その弁護士もなぜか男が雇わないといけないことがある。

金、金、金で、その代わりに、「一生懸命愛します」と言うなら、富豪の男たちも優雅にリラックスして暮らせるが、浮気のチェックは毎日（離婚した有名人の男のほとんどが証言している）。

例えば米国の有名ミュージシャンの妻は、毎日二百万円を浪費していて、離婚になった。

毎日だよ、毎日。高級ブランド、高級エステなどに毎日二百万円。

そのミュージシャンは、女性を蔑視する発言はしていないが（というかもう表に出てこない）、もしかすると、女にはうんざりかもしれない。ポール・マッカートニーなんか、二番目の妻に本当にひどい目に遭わされた。百パーセント、ポールの財産目当ての悪魔だった。だが、ポールは歴史に残るほどに女性に優しいのか、三回目の結婚をし、女性の悪口も言わない。

だったら、女にひどい目に遭わされても、女の悪口を言う男は最低で、ポールのような人物でなければ男ではないというのは無理がある。彼の場合、元ビートルズのプライドとビートルズの偉大なイメージを守るために我慢しているのかもしれない。いちばんビートルズに愛着があったのがポールだった（離婚当時、ポールが少しは怒っていたことの挙げ足は取らないようにお願いしたい）。

さて、問題は、悪女を「悪女」と言って何が悪いのか、ということだ。

仮に、彼女たちを悪女とする。

私の友人にも、慰謝料、資産の分与（というかほとんどすべて）、離婚した元妻が死ぬまでの生活費、合計数億円を取られた男がいて、「元嫁は悪女」と言っていた。

彼はその裁判で神経衰弱になり、一カ月間倒れてしまい、ビジネスができなくなった。
元嫁は彼が建てた豪邸で優雅に暮らしているということだ。彼が死んでしまったら、継続する生活費が入らなくなるのに、倒れて「にんまり」ということだ。悪女でしょ。

私の知っている限りでは、離婚になった夫婦の女のほうは、ほとんどがそういう態度だ。元夫から生活費、養育費などを受け取るのは当たり前としても、そのプレッシャーで元夫が倒れても、「あっそう。天罰でしょ」という態度である。私が公式サイトで連載している小説の中でも、交通事故で重傷を負った夫に妻が離婚届けを突き出し、「天罰でしょ」と言うシーンが出てくる。聞いたことがあるリアルな話を描写したもので、夫婦ではなく、恋人同士でもよくある、女性からの冷酷な離別宣言だ。

ここまで読んでいるあなたたち女子が憤慨していると思うから繰り返すが、お金持ちとその妻、恋人の話だ。あなたのように、お金に執着しない美しい女性は、疲れた男たちにそんなことは言わない。

浮気をしたら百二十パーセント男が悪く、慰謝料は絶対に払うというのもいいとしよう。

しかし浮気の原因が、妻から愛をもらっていなかったことだとしたら、離婚後、または結婚したまま、女性を蔑視する言葉が出てくるのは当たり前だ。


それの何が悪いのか聞きたい。

女性たちは、男は暴力的でレイプをする動物だと言ってきた。

特にフェミニズム教育の現場で。

それは大いに許されてきた。その暴言に激怒している記事はどこにもない。

「男に負けるな」と好戦的にもなった。ママ友とのおしゃべりは夫の悪口三昧で、それは差別的な言葉が多い。デブ、ハゲ、役立たず、ただのＡＴＭ、バカで家事の段取りができない、出世しねえ、など、私の通っているパン屋でもよく聞く暴言の数々だ。

モザイク脳の研究など、「男に負けない」というステレオタイプの女性学者がやっているのだ。

その女たちを指して、「女はバカ」と言って何が悪いのか教えてほしい。

私もそういう女がいたら、「おまえは近寄るな。邪魔だ」と言うだろう。公共の場では言わないが、こうして本に書いていることで、女性蔑視発言をしている男と言われてきた。

男性社会で女性たちが抑圧されているから、女性は男の批判をして構わず、男たちは一切、女性を批判してはいけない。そういうことなら、かなり時代遅れと言える。先進国ではもう十分男女平等になったし、男たちは女性化し、家事も育児もするようになった。

人と人は対等になると、褒め合うことも批判し合うこともOKになるはずだ。

富豪と結婚して豪遊三昧。生命保険の受け取りを虎視眈々《こしたんたん》狙っていたとして、その女性は弱者なのか。かなりの強者《つわもの》だし、悪女、悪魔を「弱者」と言ったら、それは綺麗事になる。

孤独な男が殺人事件を起こしたら、弱者をつくった世の中の責任とか言い出すのが綺麗事という意味と同じだ。少女を殺す奴は孤独だから殺すのではなく、サイコパスだから殺すのだ。分かるか。

「女性蔑視発言を繰り返しているこの富豪が総統になってもいいのだろうか」と、台湾の記事にあった。

台湾で大富豪になるくらいだから天才的なビジネスマンだろう。金を動かす能力が高いなら、外交向きで、政治家に向いているかもしれない。

しかし、人間性が良くないと言う。女性蔑視をするから。

では人間性が悪くなった原因は?

その大富豪に近寄る女たちは、「私は何もいらない。あなたが欲しい。尽くします」とは言ってないのでしょう? 言ったとしても、それは得意の「嘘」なのでしょう?

そして私は、その富豪たちが悪い男とは露ほどにも思わない。

彼らは、清貧な女性がいることも知っているはずだ。少年時代からお金を取られていたこともあるまい。トランプ大統領はかなりお芝居をしているという噂があるほどだ。つまり本当は良い人ということ。

それでも、女性蔑視発言をポロリとしてしまうのはなぜか。

一度、考えてはどうか。

男女同化が危機管理能力を奪う

地球環境は悪化していくばかりだ。

日本に超大型台風がやって来るのは、我々人間がそうさせているのだ。千葉県の人たちが「なんで千葉ばかり」と嘆いていたが、九州は毎年だし、紀伊半島でも結構な雨量が毎年だ。

別項でも少し触れたが、その千葉県のある人の言葉で、「神様、助けてください」というのを聞いて、私はそのネットの映像に向かい、「何か地球のために徳でも積んだのか」と頭の中で思った。

千葉の海にもきっと捨てられているだろう。ペットボトルが。繰り返すが、千葉の人たちが悪いと言いたいわけではない。地球の自然を破壊して破壊して、生態系まで破壊した人間たちが、このまま滅んでも何ら不思議はないということだ。まだ生きていることが逆に奇跡だと思っている。頑張っている研究者やまともな活動家がいるからだろう。

とはいえ、ここまで温暖化などが大変なことになっているのに、発展途上国は先進国に追い付くために、工場から汚い煙や汚染水を垂れ流していて、都市の中心部は息もできないほどの劣悪な環境になっている。

それでも逆境を改善しようとしないのだから、相当、我々人類のＩＱは下がっているとしか思えない。

編集者が、「男女の優しさに対する役割が似てしまったから、逆に優しくする方法がなくなったのでは」という意見を提出してきた。

例えば、海にペットボトルを棄てるのは男がほとんどだとして、それを美女が注意すれば、美女に嫌われたくない彼らはその悪行をやめるだろう。投げたペットボトルを拾いに走ることが安易に想像できる。だが、一緒に遊んでいる女たちが男性化しているため、生命の重みを失念してしまっていて、ペットボトルを大型の魚や亀が飲んでしまうとか、単純に浜辺を汚すとか、考えないのかもしれない。

これは公共の施設でもよく見られる男女の様子だ。

公共マナーを著しく違反する輩がいたら、それを注意するのは男の役割だ。ところが、カップルの男女とも黙り込んでいる。こちらは女性化した男と女のカップルだと思われる。そして、「見て見ぬふりをして事を荒立てないのが優しさだ」と、その二人は思っているか、口にもする。

もっと具体的に言うと、「クレームを付けている男が暴れたら他人が傷つくから、僕らは注意しないのが結果的にベストだ」と考えている。


とても落ち着いた女性的な考え方でいるのだ。

子供のことで将来の不安ばかりの母親的な思考である。


それは良いことかもしれないが、男は「この場でトラブルを解決しないと命が危険になる」とか「この暴君はここで反省させないと、どこかで誰かを傷つける」と昔は思っていたもので、今でも映画の中の正義の味方の姿勢はそうだ。ならばそれが本当は正しいとも言える。

しかし、クレーム三昧、「ケンカ上等」の男を注意する男はまずいなくなった。私くらいだ。私はケンカはきっと弱いと思うが、場数は踏んでいるので、コンビニのレジにいる女性店員に怒鳴っている程度の男だったら負けない。「誰も注意しないからって調子に乗ってんな」と、まっとうに思うものだ。

それを「後ろからいきなり蹴らないで」と止めるのが女性の仕事だったのであり、私も若い頃にはよく恋人に叱られた。今は、「いきなり蹴るのもダメ」「注意するのもダメ」で、どちらも「怒ったらあなたが悪い」になってしまう。男性的なあなたが悪い。そういう理屈になってしまい、なんと、そこにいたクレームを怒鳴っている男のことは議論に入ってこないのだ。

これは男性的な私をなんとか女性的にすることが正しい、という社会通念がそうさせるのであって、それによって暴君はそのまま放置されてしまうことになる。

警察がいる？

警察は犯罪が起きてから出動するのがほとんどだ。犯罪の抑止は、できれば街のまっとうな男たちがしたほうがいいのだ。

男に危機管理能力がなくなったのも、女性化して大切なものを守る意識が失せたからだと思っている。

無論、女性化したのだから、自分の子供は守るだろう。だが、人類にとって大切なものはどうか。

沖縄では首里城が火災で消滅した。

琉球王国の古文書などの貴重な遺産が灰になった。

なぜ、国立博物館のような施設に保管せず、観光名所に置いてあったのか。そもそも、ほんの少し前にフランスのノートルダム大聖堂が火災で崩壊し、世界中が泣いたのに、「うちは大丈夫だろうか」と露ほどにも思わなかったのか。それとも、琉球王国の遺産など、大したことじゃないとでも?

私が首里城に立ち寄ったときはまだ再建中で、ちゃんと見なかったが、もし、琉球王国の貴重な古文書が目に入ったら、「ここは国立博物館と同じ警備があるのかな」と周りを見ただろう。

そんな人類にとって大切なもの、つまり自然や遺産に対する優しさを、多くの人間はスルーするようになった。

その一因は、まずは海の水は永久にたっぷりあるから大丈夫、空気も同様、森林も同様で、「いっぱいあるから使う」という慢心である。東京オリンピックの森林伐採の話はどこかに書いたが、それも同じ心理だろう。

そして、それを止めることができないのは男女同一化によるもので、正義の味方のような男たちが一斉に怒ることもなく、母性愛の強いはずの女子たちが、一斉に泣き出すこともなく、東京オリンピックのチケット争奪戦に夢中である。

私のように、東京オリンピックが決定したときに落胆した男や女がどれだけいたか、ということだ。日本中が落胆していたら、開催はしたとしても注意深く動くはずだ。どこかの町の公園にあった木々を根こそぎ持っていくこともしないと思う。

落胆した理由は、スポーツが嫌いだからではなく、もちろん、森林伐採が日本だけではなく、東南アジアでも行われて、また、熱中症で倒れる子供たちが増えることになるんだろうな、と思うからだ。

根拠がない？

もう、地球は森林がなくなってきて疲弊しているではないか。「あと少し、伐採しても平気」という感覚でいる人間が、はっきり言って狂っていて、それを気にしない日本人も頭がおかしいのだ。

「神様、もう雨はたくさんです。助けてください」

無理だろ。『ヨブ記』でも読んでろ。

女性を危険に晒《さら》して平気な男たち

フェミニズムや男性化した女子を批判しているような本書だが、男も同じことで、歴史的には男性社会が圧倒的に悪だったことは別項で述べている。

今はどうか。

今も男たちが悪い。正しく言うと、「弱くなった」がいいと思う。

まず私の話で事例を言うが、私はＬＩＮＥやメール、電話で、女性友達（恋人を含む）に愚痴《ぐち》をほとんど言わない。弱ったところを見せるのは、「何度も電話をしたけど出ない。大丈夫？」と女子から聞かれたときで、「ちょっと風邪気味だったから寝てた」というくらいだ。細かくは覚えていないが本当はほかに悩みがあって、寝込んでいたはずだ。彼女たちの悩みは聞くが、私の大きな悩みは言わないようにしている。「しゃべったら楽になるから話してほしい」という母性愛の強い女性が多いと思うが、しゃべって楽になるような問題なら、しゃべる前に解決できることがほとんどだ。普通の生活をしている女性にしゃべって解決できるような問題は、男にはあまりない。

それでも男たちはしゃべる。

彼女に、SNSに。愚痴、弱音、負け惜しみ、恨み節……。

男同士でしゃべっていればいいのだ。男たちにはバカになれる酒があるでしょう？居酒屋で相談していればいいんだ。大金を失った話なら、まさに人払いをするかのように、男同士、ネットの中でしゃべっていればいいのだ。庶民の彼女に愚痴ったところでその大金は戻ってこない。

成功者が、「妻のおかげで成功した」と口にするのは、健康管理に関してがほとんどだ。事務所にその妻がいて、アドバイスをしていることはあまりない。「仕事の話はほとんどしないんですよ」という昔ながらの妻の台詞がまだまだ多い。

ところが庶民になると逆になる。男（夫）は、仕事の愚痴、失敗の愚痴、親の愚痴を妻や恋人にこぼし続ける。しかも女子たちはそんな男を好きで、「ダメ男ファン」の女性は多い。別項に出てきた『昼顔』の男たちの決断力のないことと言ったら、「おまえたち、早くしろよ」と私が笑って、見るように勧めてくれた女性が「こういう男の人が人気なのよ」と苦笑したほどだ。

その女性から、褒められたのか皮肉か知らないが、「里中さんは余裕があり過ぎる」と言われた。「妬《や》かないし」とか。違う女子にも言われたばかりだった。

それはＬＩＮＥだからで、「ＬＩＮＥでジタバタしてもバカでしょ」と思っているだけだ。もしライバルが目の前にいたら強引な行動に出る。ＬＩＮＥはそういうやり取りが増えてしまうから、なるべくしないようにしている。

ただ強引に出ても彼女らをほかの男に奪われたら、それは私の負けであり、人は誰でも負けることがあるのも当たり前で、それも認める。私よりもかっこいい男、お金がある男、若い男はいくらでもいるわけで、これは自虐しているのではなく、冷静に考えているだけだ。世の中を宇宙から俯瞰《ふかん》するように見ているからで、何かとジタバタする男は、自分しか見えていないだけだ。

それも、男の器や知性がなくなったためで、女性たちが男に変わって男性化していくのは、男たちが弱体化したからかもしれない。

先日、ドトールに入ったら火災警報が鳴った。

たまたま店員はバイトの女子大生と男子高校生だけで、うろたえるだけで何もできないから、お客さんの中で私が立ち上がって、アドバイスをした。消防車すら呼ばないのだ。上階の火災だったのに。

ほかの客たちは、男性ならノートパソコンを見入っているだけ。おばさんたちはおしゃべりをしているだけで、それはいいとして、後から入店してきた私のアシスタントが何もしない男たちを見て、「日本はパラレルワールドの別次元ですね」と言った。

私は答えた。

「そう、この国だけが北朝鮮からミサイルが発射されても余裕で寝ている」

私は、ある女性友達に、その女性が働いている施設の不具合を解決できないかと相談されて、それも解決させた。父の肺がんを手術するかしないかで、三重県の実家と医者が揉めていたから、「長男が出ていくしかないか」と思い、埼玉からさっと出掛けて、レントゲンを担当医と見ながら、有無を言わさず治療法を決めた。タイでも友人の強制送還を食い止めた。

それらは「準備」ができているからにほかならない。前項でも触れた危機管理能力というやつだが、それをできない男たちが増えているから、女性が頑張るしかなくなるのだ。

その判断力の操作は成功すると意外と楽しい。だから女性たちも「やってみたら楽しい！」と昔の男たちが長《た》けていたその精神力を得ようとしたのだと思う。

だが、命が危ない。女子の命を危険に晒すわけにはいかない。

男たちがしっかりと危機管理能力を身に付けないと駄目なのだ。

「楽しい」のは死んでいないから、大きなビジネスを失敗していないからで、男たちは、たまには死んでるし、たまには大切なビジネスを失っている。判断が間違えていたのではなく、人は完璧ではないのだ。

東日本大震災がまさに発生したとき、私はさいたま市にある立体駐車場の車の中にいた。尋常ではない大揺れで、まだ震源地がどこか分からない中、車の中でじっとしている人たちを見て、「あの判断は違う」と判断した。そして三階の駐車場から猛スピードで車を発進させて外に出た。もし、震源地がさいたま市だったらあの立体駐車場は崩壊している。そして私の車は小さなスポーツカーだった。

それ以来、私はこういうときのために、運動能力の高い車のほうがいい、とドイツ車やホンダのスポーツタイプの車ばかりに乗っている。災害に備えて、荷物が詰める四駆もいいと思う。今はマンションに住んでいて二台持てないが、それも考えている。それらが危機管理の準備だ。

しかし、私は自己管理ができないタイプだ。

健康についてである。朝に弱い。三食食べない。コンビニ嫌い。病院嫌い。それらを女性が管理してくれたら大成功するか長生きして、貧乏にもならず、女性（恋人、妻）も貧乏にはならない。

繰り返し言うが、決断力、判断力を磨き、それを実行し、成功させると楽しい。それは女性も同じだ。だが、失敗することもあるから、女性にそれをやらせるのはよくない。失敗すると、命に関わる。

それを男たちがやらなくなった時代なのはドトールの事例で分かる。

この時代の最悪の一つは、男たちが、まだかわいい女たちを危険に晒していて、それでじっとしていることだ。

または抗議もしないことである。それでは、女たちは、「自分の身は自分で守ろう」と考えて当たり前だ。その結果、昔に栄えた「男らしさ」へ、女性たちが向かっていったという事実もあるのだ。

狭い場所でもいいから男はトップに立て

さすがの私も日本という国家を嫌いになっている。

どうでもいいことで言葉狩りをし（それは先進国のすべてでだが）、「これは明らかに悪意がある」ということでも「表現の自由」と称して無駄な議論をしている。国家が嫌いというよりも国民性が嫌いなのかもしれない。

とはいえ、先日、昭和天皇や大正天皇が眠られている武蔵陵《むさしりょう》墓地に行ってきた。日本の皇室の長い歴史は好きだが、政治（行政など）が嫌いである。

皆さんは、通勤電車に乗っているだろうか。田舎の人を除いては乗っていると思う。女性が痴漢に遭ったときに、その相手にハンコで印を付ける商品が売りだされた。ポンポンポンポンとハンコを押されていくのである。あなたたち男は。

あなたが持っている鞄が女子高生に当たったら、ポンと押されて痴漢になって一生が終わる。ネットでは、「冤罪《えんざい》ならDNA検査などで証明すればよくて、大賛成の商品」と絶賛されているが、危機感のない子供たちは気楽なものだ。子供たちとは三十歳以下の日本の大人のことだ。

一度逮捕されたら、冤罪を証明しても人生は終わりなのだ。

痴漢というのはそれが常識だ。

しかも可視化されていない取調室では、拷問並みの尋問が続いて、ゴーンすら逃亡した。優秀な弁護士に巡り合わなければDNA検査に持っていけないかもしれない。

なぜ、日本の電車の中に監視カメラを設置しないのか。個人がドライブレコーダーを車に付けられるようにお金もかからない。まさか、監視カメラが女子高生のパンツを撮影してしまうとか、妙な言い訳をするのか。一部の車両では導入しているし、新幹線のデッキにもある。ドアの上に設置しておけば、本物の痴漢はさすがにびびって実行に移せないじゃないか。抑止力に最適だし、繰り返し言うがコストも微々たるものだ。

そう、国は痴漢がいなくなると困るのだ。

検挙率を上げたいのである。交通違反と一緒だ。有名な話で知っていると思う。交通課は一件でも多くスピード違反や駐車違反の切符を切らないと、まさに営業力がないかのように上から叱られるのである。だから、スピードが出る道でこっそり隠れていて、スピードが乗ったところで検挙する。

痴漢をやめさせるためには、ほかにも男性車両と女性車両とを完全に分ければいい。これは男女を示した大きなシールをドアに貼るだけでいい。トイレと一緒だ。女性の乗車数が少ないからとか、男女平等ではないからとか、痴漢されることよりも、痴漢冤罪を生むことよりも、ずっとどうでもいい問題だ。国と警察はどうしても痴漢を増やしたいのだと勘ぐられても仕方ないくらい、痴漢への対策が適当だ。子供たちに「痴漢はダメだよ」という絵を描かせて、その言うことを聞く痴漢の常習犯がいたら教えてほしい。

私は一人では二度と通勤電車に乗らない。もっとも、すでにグリーン車がある通勤電車ではグリーン車に乗っていて、山手線や地下鉄に乗るのは、極力混雑していない時間帯。ラッシュ時は死んでもタクシー。または友人とである。

序説が長くなったが、もうサラリーマンはやめよう。
日本の経済の基盤をまさに築いたのは高度経済成長期のサラリーマンだった。私の父親もそうだ。彼らは優秀だった。よく働いた。「24時間働けますか」というCMを受け入れていた。
令和の時代の我々は、合理主義で、バカンスが大好きで、それは悪いことではなく、体を壊すまで働くことはないのだ。もっとも、休暇が多い今の時代の人たちのほうが体が弱いようだが。

男はサラリーマンになってはいけない。

息子よ。

サラリーマンと公務員とマスコミだけはやめておけ。

父のようにフリーの仕事に就け。フリーだと、病気をしたときなど辛いこともあるが、神経質に各種保険に入っておけばそれも杞憂《きゆう》に終わる。若いうちは健康に自信があるから、フリーになって起業し、国保以外の任意保険に入るのを忘れることがある。そこだけ気を付ければいいのだ。

ほかには国税に目を付けられないビジネスを選ぶようにしろ。大金が雲の中を行ったり来たりしているようなビジネスではなく、きちんと実体のあるビジネスだ。フリーでもそんなまともなビジネスがたくさんある。

会社に入り、隣に座っている同期や、今の時代なら男女での競争も滑稽だと私は思っている。競争が必要なのは、まさにスポーツの世界くらいで、ビジネスの世界の競争は、大企業の乗っ取りと国家間の駆け引きくらいだ。個人や中小企業が、ライバルのような関係者としのぎを削る時代はもう終わった。

様々なストレスを生んでしまう。

先程、今の時代の人のほうが体が弱いと書いた。

ストレスのせいだ。

昭和はもっと、表現は自由だった。この程度はジョークだよ、というのが許されていた。行動も自由で、セックスも自由で、お金ももっとあった。教師は今で言う虐めをするくそガキを殴って、虐められている女子生徒を守ることができた。

自称、「良い人」たちと「知識人」たちは、話し合いが大事で暴力は何も生まないと国民を説得し、その話し合いの間に虐められている生徒たちは自殺をするようになった。

そして虐めていた生徒たちは大人になって、人生を大いに満喫する。彼らが反省しないことは、彼らと同じ性質の凶悪犯罪者の少年少女たちが、出所後、反省せずに街で暮らしていることで明かされている。反省していたとしても、優しい福祉関係者などに援助されている。

教育だけではなく、何もかもどんどん規制されてきて、女性としては極端に言うとレイプやセクハラが減って万歳かと思ったら、なんと口説いてくれる男性が激減して、結婚率が低下。晩婚になることも多くなり、出産もできない。「一度は子供を産んでみたい」という女子は意外と多く、三十代になったら、「もう、子供を産めないんじゃないか」という焦りが襲い掛かってくる。

男たちは、もちろん自分の好きなエロスがどんどんなくなっていくし、表現の自由が曖昧に奪われているから、ネットに何か書くことにも神経を使う。アカウントが突然凍結されてしまうのだ。

「韓国はいらない」はヘイトスピーチで、韓国大統領の暴言の数々は許す著名人たち。自国である日本を浄化したいのか、韓国なら何をやってもいいと考えているのか分からないが、それら矛盾は、頭の良いあなたたちを混乱させてしまう。頭が良ければ、「単純な問題だから無視しよう」と器用に考えるかもしれないが、頭が良ければ、もっと知識を増やすために、新聞、雑誌などに載っている社会問題に目を通すものだ。それがストレスになってしまう。

例えば、リゾート地の近くでビジネスができるフリーランスになったとしよう。そこでもそれら悪質な情報はスマホから見えてしまうが、美しい海を見ていたら、スマホを見る時間は激減する。

この時代、あなたの敵はそう、氾濫《はんらん》する稚拙な情報と誰かの中傷。それらは、会社では飲み会という無駄な時間帯にも襲い掛かってくる。

さらに、もし会社で隣に座っている同期と競争していたら、あなたは癌や脳卒中や突発性難聴になって当たり前だ。

息子よ。

楽しいぞ、フリーの仕事は。

いや、苦しいことも多い。

だが、手を組む相手を間違えなければ、決して縛られることもない。

そう、フリーだと手を組む相手を間違えることが多い。才能を狙った男女が、「耳寄りな話」を盛んに持ってくるのだ。

そして失敗することや裏切られることもある。会社に裏切られるのも辛いが、信じていた仕事仲間に裏切られると人間不信になるものだ。きっとお金も取られるだろう。

だが、それを乗り超えて、また復活できるのもフリーの良いところだ。

サラリーマンだと復活できない。左遷された男が再び本社に戻って常務まで昇進という事例は少ない。会社がワンマンだったら、社長になることもない。社長の席はその社長の息子が座ることになっている。

あなたはトップに立ちたくないか。

狭い世界のトップかもしれないが、一度はトップに立ったほうがいい。そのときに傲慢《ごうまん》にならなければ、さらに飛躍できる。

私は息子の名前にある国名の一部を使った。昔になくなった王国だ。その願いは、「名前負けしないように、小さな王国にした。世界一にならなくてもいいから、どこかの世界のトップに立ってほしい。そしてその王国のように伝統を守りながら、他国を侵略する行為もせず、長く生きてほしい」というものだ。

その王国はある国とケンカをして滅びたが、実はまだその地に伝統はしっかりと残っていて、認められている。

王国の名は、「琉球」。

日本の一部になった沖縄には、まだ琉球王国の伝統が残っている。

最後に話が変わってしまった。

あなたも、アメリカやイギリスや中国のような大国家にならなくていいのだ。昔なら、プロイセン王国やオスマン帝国のようにならなくていいのだ。


自分だけの琉球王国を、どこかのリゾート地の一角に作ってほしい。


それはもちろん、そこに事務所か家を建てるという意味だ。沖縄、シンガポール、オーストラリア……。どこでもいい。痴漢をわざと放置して逮捕したがる国とは縁を切ったほうがいい。国籍は日本人のまま、違う国に行くか、東京や大阪から離れたほうがいいのだ。

また、最後にひと言、言っておくが、私は大阪の環状線で、痴漢の女性に何度も遭遇している。若い頃だが、それは「ラッキー」だと思っていた。今ならどうすればいいのか、さっぱり分からない。そのまま、その痴女をホテルに連れ込んで遊べばいいのか、「この女、痴漢です」と叫べばいいのか。後者を選ぶと、たぶん、「おまえアホか。おまえが痴漢やろ」と思われるだけだろう。

男女平等がうるさい割には、逆痴漢の問題は一切ない。正直、デブのおばさんに触られたら最悪だ。しかし、実際に触られても「この女、痴漢です」とは言えないと思う。それが日本という国の矛盾と偽善だ。

だから、フリーになって、自宅と事務所を車で往復しているのがベストだ。

ちなみに、私の職業は、一応「作家」だ。

知っていた?

ただのエッセイストでもいいが、いろんなジャンルの文章を書いているから作家でもいいでしょう。

少々、しんどい仕事だ。

紙の本が売れなくなってきた。ほかの元ベストセラーの作家たちも認め、嘆いている。

それでも、私は今、心底、作家になっておいて良かったと胸を撫で下ろしている。

通勤電車に乗らなくてもいいのだ。あなたの隣に石原さとみのような美女か橋本環奈《はしもとかんな》のような美少女が立っていて、電車が揺れたとしよう。あなたの体のどこかが彼女のお尻に当たってしまう。それに気付かないまま、または寿司詰め状態だから仕方ないと思ったまま、あなたは彼女の顔を見てしまうと思う。

「なんてかわいいいんだ」と。

それでハンコを押されて終了だ。

私は正直、煽っている。サラリーマンはやめておけと。

サラリーマンで出世する確率はどんどん下がっていく時代に突入しているのだ。

男の野心と器量が女を守る

「強い男」「男らしさ」と言われたら鬱になるような男たちはどうかと思うが、しかし彼らも、成功者に憧れているはずだ。日本は社会主義国家ではないのだから、食っていくためには成功しないといけない。

実はそうなのだ。成功しないと食っていけない。誤解している人が多い。平凡以下、いや、実は平凡、つまり普通でも徐々に生活は苦しくなってくる。だから成功しないとまともに生きてはいけない。

大人になるにつれ、交際費は増え、それなりに高いものを買わないといけなくなり、なのに体調をよく崩すようになるから、医療費もかかる。家族を持ったら、さらにお金がかかる。

普通に仕事ができて普通に稼いでいるだけでは、生活は苦しくなってくる。

それを義務教育では教えない。

成功するためには、早くに自分の才能に気付き、それを貫く。できればそれは複数あったほうがよく、たまに一方の才能を休ませるのがベストだ。

そして自分の生き方を変えてはいけない。

日本経済の好調、不調で、自分の調子を変えてはいけないのだ。ずっとガンガンいくなら、経済がどうなっても、失敗してもガンガンいく。ずっと石橋を叩いてるなら、景気が良くなっても、急に勝負に出たりしないことだ。

私はそれを成功者の友人に言われて、「ああ、俺はずっとガンガンいっていた」と分かった。まさに老後のことなど考えない。彼とは車の趣味が同じで、リセールなんか考えずに買う。美女が近寄って来たら来る者は拒まずで、嘘が見えたらさっと別れる。心身ともに優しい美女もいるのだから、さっと行動する。

友人の成功者は私よりも行動力があるものだ。私の場合、生傷が絶えないから、ちょっと遅れることが多い。

話を戻すと、成功するためには、まずは自分の才能を見極めること。それから、何をするにもスタイルは変えないことだ。景気によって、急に大人しくなったり、強気に出たりせずに、自分のスタイルを変えない。

「景気が悪化してできた借金を、事業を縮小して返せるはずがない。その前に強気な事業をしていたのだから、借金ができた後も強気に行かないとダメだ」

成功者の彼はそう言った。

私はどんなときでも強気だった。

大病をしても強気だ。

もちろん完璧ではなく、人が見えない場所で荒れたことがあるし（自宅のトイレとか）、朝に弱く、メンタルが落ちるのは寝起きだ。

朝に散歩をするのが好きな女性友達が遠方にいて、朝早く、綺麗な公園の写真を送ってくる。うれしいが、メンタルが極端に落ちているときは「写真はいいからまたがりに来い」と実際に言った。肉体関係がない女子に言う台詞ではないが、「近かったら行くけど」と、強気な男の言葉に半落ちしたようで、綺麗な公園の写真のほかに、胸チラが添付されるようになった。

好みの女性に対しては早く強く出たほうが成功率は高い。あなたの好きな彼女は美人だと思うから、ノロノロしていたら誰かに取られてしまう。そんな好みの女性に、強気に、そして素早い行動に出て、駄目だったらさっと違う女性に移らないと、あなたの人生は女の経験が不足したまま終わってしまう。

女に対してどんな野心を持つかは、その男、それぞれ違うが、好みの女性を得ることは貫いてほしい。

その好みにしても、「顔」「スタイル」「セックス」「性格」など、男たちによって違う。家事が上手な女性が好きで、ほかは一切こだわらないとか、巨乳ならなんでもいいという男もいた。

人生の成功は好きなものを手に入れることだし、好きな仕事をすることだが、その好きなものや仕事があなたを転落させることもある。難しく言うと、その大半は、あなたの中にあるファシズムがそうさせるのであって、それは恋愛でもそうだ。

ある女性のルックスが好きで結婚して、だがその新妻のほかの部分を尊重しない。ある好きな仕事を手に入れたが、同業者を徹底的に潰す仕事、あるいは新しいビジネスをしていて、伝統的な仕事を軽蔑して、孤立していく。自分中心でほかは認めない。自分の好きなことだけを妻にするように命ずる。笑って許す器量がない。など、まさに排他的で個人の意思を尊重しない男が増えてしまうと、フェミニズムも出動せざるを得なくなる。

トランプ大統領がもしファシストだとしたら、フェミニストたちが怒っていて当然だし、自由主義の男たちも嫌うだろう。本書はフェミニズムを嫌悪している内容になるが、男たちが野心の中に、先程口にした「笑って許す器」を兼ね備えていないと、フェミニズムが増幅してくるのは当然だ。

女と仕事で成功したいという野心を持ったら、相手を尊重する気持ちも持たないと

いけない。

ただ、一回一回、毎回毎回尊重しなければいけないというのが、私には解せない。それは仕事では合理的ではないし、恋愛では、「理解し合っている夫婦が、なんで毎日取り決めをしなければいけないのか」と首を傾げてしまうのだ。

セックスでそれを盛んに言っているわけだが、一部の女たちだと思っている。まさに、「なんでもゼロにしないといけない」、ディストピアのような思想に憑かれた女たちの文句、主張だと思っている。そんな女性は少ないでしょう。だが、少ないが、フェイスブックなどで拡散されていくのを見ていると、「この時間の無駄遣いをしている夫婦は成功しないな」と思ってしまう。

セックスなんて、「今日しよう」「はーい」でいいのであって、それがたまになかっただけで、怒り出す妻もどうかと思うし、逆に妻が寝てしまったからと、ずっと不機嫌でいる夫もどうかと思う。

しかし、これだけのことで、DVや夫婦間レイプになる時代になった。

少々、人々のIQが下がっていると思える。知性がなくなってきたのだ。コミュニケーション不足や規制が厳しいこと、教育のせいだが、その感情的な現場からはストレスしか生まれず、成功には繋がっていかない。男女双方、夫、妻にイライラしたまま出掛けても仕事は手に付かないだろう。

昔の男が野心を持つと一直線で、女に気も使わなかった。それは時代遅れだ。だから、笑って許す器のある男にならないといけない。許すといっても、妻が悪いことをしても気にするなというわけではなく、些細なことで怒るのをやめないといけないのだ。

妻が浮気をしたにしても、セックスレスだったら許したほうがいいだろう。そもそも離婚したほうがよい。その早業も必要だと、念を押して言っておく。人生は短い。野心を持って、素早く行動し、見切りも早く付ける。

そしてファシストのような姿勢にはならないことだ。

セックスの本質

哲学的、心理学的な理屈では理解できないと思うから、この項だけ私の実体験で語る。少し小説風にするのは、女性を匿名にしたいからだ。

ちょっと昔の話だ。ある女性とお茶をした後、一年ほどしてその女性から告白された。少し遠距離の彼女は三十代半ば。毎晩のようにメールか電話をしてきて、時にはビデオチャットを使い、セルフプレジャーをしていた。そう、私の声を聞いて自分の手で気持ち良くなっていたのだ。

私のほうは、女の声だけでそんなことはできない歳で、少々疲れ気味。

濡らしてしまったショーツが使えなくなるくらいの頻度で（下着の洗濯が追い付かない？）、私が呆れ返っているのを感じたのか、彼女はこんなことを言い出した。

「私と会ったときには、好きなように抱いて」

「そういうことを言って、実際にそうすると大半の女は怒るもんだ」

「私は里中さんが大好き。一日中、セックスだけでいい。淫乱なんだ」

「時々、休みながらね」

「そのときは私のオナニーを見ていて。いつも電話越しで里中さん、見られないから」

「そうか。それは楽しみだ。じゃあ、そうする」

「私だけを見ていて」


情熱的な女性だが、私は躊躇していた。彼女には過去に恋愛の傷があって、その話はメールで知っていた。それをホテルでのデートのときに聞いたほうがいいと思ったし、しゃべらせてすっきりさせたり……そう、話し合いではないが、もし付き合うことになってもそれが必要だと考えていた。

だが、彼女はそれを望まない。

「里中さんを知るのはセックスがいいんだ。どんなセックスをするか、どんな手で触ってくれるか。いっぱい触ってほしいし、迷惑を掛けたから、私でストレスを発散してほしい」

「言葉はいらないんだね」

「里中さんは女を好きとか愛してるとか、すぐには言わないタイプだから、セックスで感じるはず」


彼女との愛欲のデートはいったん保留となった。彼女がプレゼントのために私の好きな洋服を買っている様子をメールで知らせてくれているときに、生真面目に悩んでしまう。

「そこまでしてくれるなら付き合うことにしよう。だけど、一年前にお茶を何度かしたとはいえ、いきなりセックスだけでいいのだろうか」

ホテルデートの日、彼女はほかに予定があり、宿泊はせず夜には帰るというから、ますますセックスオンリーの初デートになることになった。


その数日前に、私は友達と飲みに行った。

男二人、女二人だった。いい人たちばかりで、知り合ってから一年以上。お酒の勢いも手伝い、話はどんどんプライベートにのめり込んでいく。言ってはいけない家族や恋人の話。言ってはいけない共通の知り合いの批判。秘密にしていた過去と現在。

私はお手洗いに駆け込み、呆然としていた。

「なんてことだ。気の知れた友人だったら、こんな話、簡単にできるんだ。それ以上に突っ込むなら、相手が女性だったらセックスしかないじゃないか」

私は翌日に彼女にそのことを伝えた。

「当たり前だよ。夫婦とか、話し合いで解決するのって子供の教育くらいだよ。セックスだって、スキンシップがなくなって、すぐにレスになって、離婚でしょ。里中さんがいつも言ってるフェミニストの人たちが、盛んに話し合えって洗脳してるし。今の時代の男性はへなへなだから、女を抱きまくる勇気もないのよ。私みたいに自分の手でやってる女もどんどん引きなんでしょ。好きでやってるんじゃないの。会えないから仕方ないでしょ。里中さんが悪いのよ。早く犯せ！」

「ツンデレ過ぎるよ。じゃあ、本気を出してもいいのか」

「出してほしい。ボルダリングでもそうなんでしょ。本気を出したら登れるのに、いつもふざけてる」

「楽しみたいからだよ。競争したくないし」

「私の体で楽しんで。どんなセックスでもいいよ。私はそれで大満足。触って、見てほしいの。おしゃべりのためにお茶する時間なんかいらない。強いて言えば、里中さんは元プロの写真家だから旅行してキレイに撮ってもらえる時間は欲しいな」


美女らしく、ポートレイトには期待していたようだ。

それも話し合いとはどこか違う。芸術家の夫と妻の関係みたいだ。「私の絵を描いて」と。

モデルになっている妻は、ずっと無言でいて、デッサンをしている夫の邪魔はしない。岡本太郎《おかもとたろう》には敏子《としこ》という愛欲の愛人がずっといて、ピカソの多くの愛人は彼を最期まで看取り、荒木経惟《あらきのぶよし》は、最愛の妻の棺の中の写真まで撮影した。ジョン・レノンの妻、ヨーコは口が達者な女性に見えるが、人々にアピールしていたのは、ジョンとの愛欲の様子だった。そこから平和主義を実行した。

彼女は、セルフプレジャーを「抱かれている」と表現してやまない。

「里中さんに恋をしてからどんどんキレイになったって言われる。毎晩、抱かれているからね」

彼女が仮に私の妻だとしよう。

私のやるべきことは、仕事以外は、彼女をずっと美しく若い女性でいさせることだ。

それで女性は大満足であって（老けていく自分に満足する女はこの世にいない）、それは話し合いでは維持できない。

記念日にネックレスや財布を買ってあげるだけとか、義理のように短いセックスをするだけとか、ついでのように「好きだ」と言うよりも、貪るように長い時間抱いて、そのときに「キレイだ」と褒めて、性癖があったらそれもお互いが楽しめばいい。男の見た目は若返らないが、女は必ず若返るから、妻はそれを実感して楽しめば、夫婦は長続きする。

エビデンスもある。男性の精子は女性の体にとても良い。ちょっとググれば出てくくるし、きちんとした専門書にも書いてある。更年期障害の予防になるのだ。イライラはなくなり、精神的に不安定なことが原因で公共施設で騒いでしまうような女性であれば、それもなくなる。そして彼女に対する周囲の評価はまた高くなる。

「里中さんに抱かれるようになってから、コンビニのドアを男性が開けてくれたり、本当に楽しい」

「ニコニコしてるからだよ。だけど抱いてないから」

「抱いてるの。だから私でストレスを発散してね」

おまえが深夜に俺を叩き起こすのがストレスだって（笑）。しかも隣にいないし。

お互いセックスができなくなる歳になっても、一緒のベッドで寝て、触っていたらいいのだ。それが夫婦が長続きする秘訣だ。

女性の「美の価値」を捉え直す

ここで語る問題は、先に述べた「フェミニストは『ブス』という言葉を放置している」という話と矛盾しているように読めるかもしれないが、どちらも社会の事実である。

先進国は、長く資産を維持している富裕層と、お金持ちになった人たちの税金で生活ができるようになっている。

庶民は激高する話かもしれないが、貧乏な人たちが束になってファストフード店で消費税を払っても、お金持ちたちが不動産や高級車の購入、その維持費の支払い、投資などを頻繁にやっていたら、その国は福祉もインフラも安定してくるものだ。

そのため、政治家のトップたちは、突然富裕層優遇の税制をやろうとする。優遇とは、庶民目線の都合の良い言葉だ。優遇したいのではなく、優遇するしかない。それは優遇ではなく、「対応」とか「急場しのぎ」とか、ほかの言い方があるはずだ。優遇とは、一方に徹底的に与える、褒めるなど、もっと単純な場面で使われる言葉。

日本が、「税金不足」と言って、安倍政権が消費税を上げているのは、日本に富裕層の人たちが少ないのと、ほかの先進国よりも経済が成長していないからである（バブル崩壊以降）。富裕層が少ない証拠に、日本には、ゴールドコーストのようなリゾート地が存在しない。

それでも辛うじて日本が潰れないのは、日銀が利口なのではなく、民間の企業が頑張っていて、もちろん庶民たちもその民間企業で鬱になるまで頑張っているからだ。

そして少ないお金持ちがドイツ車などを買っていくからだ。しかもすぐに乗り換えるから、税金、ガソリン税もたくさん払っていく。高級車になれば任意保険も車検も半端ではない金額になる。また、銀座《ぎんざ》や祇園《ぎおん》、吉原《よしわら》などが生き残っているのも、お金持ちたちの存在があり、その人たちがその街にお金を落としていくからだ。

さて、そんなお金持ちがある名言を私に言った。

「この世から美女が消えたら、男は働かなくなりますよ」

私がある地方銀行に所用で行ったときに、受付窓口にとてもかわいい女性銀行員がいた。大きな銀行ではなく、受付窓口は三人くらいだった。彼女のかわいらしさは際立っていて、私が思わず左手を見たほど。つまり、結婚しているか独身かを確かめた。

さらに別件で行ったのに、その地方銀行に普通預金の口座もつくった。使っていないから彼女を二度と見てないが（笑）。

そのエピソードを成功者の友人にしたところ、先の名言が返ってきたのだ。

投資家やお金持ちにも女性はいるが、ここではほとんどが男たちだと仮定して、もし大手銀行の受付が見栄えの悪いおばさんばかりで笑顔もなく、近くにある地方銀行の支店の受付の女性が美人ばかりで笑顔がいっぱいだったとしたら、投資家はどちらの銀行を選ぶか。

今はほとんどの男たちがネットで投資のやり取りをしているが、まだ窓口に行く男もいる。そこで美女の銀行員が出迎えてくれて、数千万円の取り引きの部屋に通してくれるのと、不愛想で仕事に疲れたパートのおばさんが案内するのと、どちらが取り引きする気になるか。

読者の方たちはこう思うだろう。

「そんな大金のことで女を気にしている奴はいない」と。

そういう男もいると思う。

だけど君、富豪やハリウッドの大物たちが、美人じゃない女と結婚しているか?

妻が美人なら、当然、外出先で接する女性も美人がいいはずだ。その美人を口説くか口説かないかはともかく、お金持ちがお金を出すのは美しい女性なんだ。間接的にそうなっている。その証拠はいっぱいあり、美の産業が廃れないのもそうだ。

あるネットの番組が、人気のちょっと有名な美人女性をMCに使い続けたら、その番組は視聴件数が増えて、継続して放送され、それがない番組は終わっていく。インスタグラムは美少女と美女たちの投稿で稼いでいて、親会社のフェイスブック社が支払う税金は半端ない。一方そのフェイスブックは縮小を始め、違う事業展開を模索している。

風俗では、吉原やススキノが有名だが、ある県に超高級ソープが連なる町がある。日本中のお金持ちが集まるともいわれているほどだ。その県か市はそのお金持ちたちでインフラを整えているのかもしれない。「ソープ嬢は美人しかいなくてサービスもテクニックも抜群」と評判らしい。

そんな美女たちの仕事をなくそうとしているのがフェミニズムだ。

例えば、ミスコンは将来モデルやコンパニオンなどの仕事に有利になる。ミスコンは、私もどうでもいいと思うが、フェミニストはなぜかミスコンにはあまり目くじらを立てない。フェミニストと一部リベラルの妙な団体が抗議すれば、簡単にミスコンなど潰せるはず。学校の女子制服や女子体操服を変えたり、呼び方までも男女同じ「さん」に変えるほど、その権力は大きく、なのにミスコンを潰さないのは何か裏があるのかもしれない。

ビジネスの場では、「顔で採用するな」というのがよくある台詞だ。

キャビンアテンダント（ＣＡ）から美人が消えてきたのがその最たる事例で、格安航空会社に客を奪われた大手航空会社はなす術もない。男性のＣＡを採用しなくてはならず、それも枷《かせ》になっている。

私が所用で成田空港に知人を迎えに行ったときに、「アジアのある航空会社のＣＡはスカートが短い。格安じゃないけどね」と教えてくれた。

「格安じゃなくても、お金があればそっちに乗るよ。機内食も美味しくなるし、俺は飛行機で眠れないタイプ。通路を歩くＣＡがかわいいなら、それで退屈もしのげる」

「見て楽しいだけじゃなくて、声も掛けてくれるしな」

「コスパを気にして人間関係をケチったら、その男は終わりだよ」

「先生、美女と人間関係とは違うんじゃないの？」

「大事なビジネスに向かうまで快適に過ごすための、サービスが良いか悪いか。それは、その会社と俺との人間関係みたいなもん」

先の「美人がいなくなったら男たちは仕事をしなくなる」と言った男も、「モーターショーのコンパニオンが美人だから、男たちは車を見に行くわけだ。その中には未来の高級車もある」という口振りの話をしている。

そう、その超高級車を買うために、働くのだ。

資産は数億円ないといけない。その固定資産税は大金で、日本の経済に貢献する。

これら「女性の顔、優遇」批判の弊害を受けたビジネスの衰退は、ある有名なパラドックスとそっくりなのだ。

それは、「倹約パラドックス」。

消費税などの税金が上がる↓家庭で倹約（節約）する↓消費しなくなる↓さらに経済が悪化↓節約しているのに給料が上がらない↓実は自分が節約しているから自分の会社が傾いている↓国はまた税金を上げる↓家計崩壊。

「美女を採用しないパラドックス」はこうだ。

「受付の女性などを顔で選んではいけない」↓成績優秀なだけのクールな女性や男性などを採用して、会社はとりあえず絶賛される↓なのに急に業績が悪化してくる↓窓口や各種サービスに美女の笑顔がないからである↓焦って制服のスカートを短くしたりして批判されて終了。

ちみなに採用されなかった美女はお金持ちと悠々自適の生活をしている。

「私の価値が分からない会社よりも、私の価値が分かる男性の奥さんか愛人でいたほうが、預金がどんどん貯まる。なんて分かりやすいんだ」

と無意識に悟るものだ。

美人の女性が失敗する場合、その女性は、暴力的な男を好むかセックスが苦手だ。それがなくて人生を失敗する美女はほとんどいない。高学歴でお高くとまっている美女でも、セックスが得意だったらまず失敗しない。ベッドの中では女はかわいく見えるものだ。

フェミニズムは美の産業を容認していながら、なぜか「顔」と「エロチシズム」に

怒りを向ける。

それはそう。男たちが、女性の「顔」と「エロチシズム」を求めるからだが、フェミニズムを仮に巨大な女たちの思想の塊だとして、男性たちが、経営規模で美女を採用しては駄目で、世界的な美の産業はＯＫとは何かあざとい。

水着を昔よりも小さくしたのは男たちではなく、美の産業であり、その美の産業にはフェミニズムが加担している。それなのに、その小さな水着にアイドルが嫌がると、途端にフェミニストたちは怒り出す。「男たちが強要したからだ」と。

しかし、その水着は世界中で認められていて、ミスコン同様、フェミニストたちも目くじらを立てない。

フェミニズムとリベラルが世界を牛耳《ぎゅうじ》っている以上、女性のファッションも彼女、彼らの許可がないと出来上がらない。男性を誘う色っぽい勝負下着にしても、結婚相手よりも、セックスする相手を誘っているのがほとんどだから、結局、女たちにフリーのセックスをさせたいということがフェミニズムの根底にあるのは、変わりない事実だ。

巨乳をアピールする水着がなければ、フリーセックスは減らないにしても、世界の経済は崩壊するかもしれないということだ。だから、それは容認する。ところが、受付の女子を「顔で採用するのは女性軽視だ」と言う。双方、ビジネスには変わりない。高級リゾート地からビキニの女性が消えたら、そこは閑古鳥《かんこどり》の鳴くビーチになってしまう。

ピンと来ない日本の若い男子に、簡単に言うと、
君たちが、銀行に行ったとしよう。窓口には「坂道グループ」の女子たちがずらり。君たちは、その銀行に口座を開くはずだ。同じＣＤを何枚も買うのだから。
それと同じなのだ。
ある投資家が、銀行に事業資金の借り入れに行った。態度が悪いおばさんに案内されてもやる気にならない。美女が案内して個室の商談室に通し、お茶を持ってきて、目を合わせて、笑顔で「どうぞ、もうすぐ店長が来ます」と言えば、「よし、ここで融資を受けよう」と半ば決定してしまう。

女性の美の価値がどれほど高く、経済に貢献しているか、その議論は国会などではタブーだ。

しかし、美人妻を持つ成功者、ＡＶ女優やアイドルが好きな男たちは、よくその議論をしている。そしてその男たちは、圧倒的マジョリティだ。

そのマジョリティにストレスを与えていたら、国の経済が悪化して当たり前である。

男女は優劣を繰り返して愛し合う

セックスレスで離婚したある夫婦の話だ。女性側の主張が、「セックスで支配的なことをされる」というものだった。

「彼がサドでそういうセックスを強要される？」

「違う」

核心は話してくれなかったが、セックスは普通だったようだ。なら、「支配的」とはどこから出てくる考え方、感じ方なのだろうか。具体的なことを想像したら、フェラチオの姿勢ということになる。

皆さんは、画家ブグローの『渇き』という名画を知っているだろうか。昔はまるで価値がなかった「少女」に価値を持たせた芸術家の一人だ。その昔は価値があったのは少年であり、妊娠可能になっても、少女にエロチシズムは求めていなかった。

ブグローの『渇き』は、今で言えば女子高生くらいの歳の貧相な女の子が、壺に入った水を野外で飲んでいるものだ。壺は顔より上にあり、少女は両膝を突いて、壺の水口に口を付けている。そう、フェラチオのポーズである。革新的、いや、確信犯的な絵だ。

少女に限らず、一般的に女性は男性よりも背が低く、ベッド以外でフェラチオをすることになると、どうしても服従のポーズを強いられる。強いられると言ったが、騎乗位が好きな女性なら男の上に乗り続けるわけで、疲れて体の上に体重をかけると男は辛くなる。セックスは愛し合う時間が長くなれば、やがて平等になり、やや男が優位だ。

男性が優位だというのは、フェラチオをベッドに入る前にすると、ほとんどのケースで女性が服従するポーズにならざるを得ないからだ。また男性器を膣に挿入すると女性は身動きが取れなくなることは、男性諸君も、セックスが強い男に抱かれたことがある女子たちも分かるだろう。

快感で動けなくなるか、ペニスが強ければ体が縛られたように動けなくなる一方、男は自在に女体をコントロールする。女性を一時間支配したければ正常位のまま挿入を続けていればよくて、彼女が拒否すればレイプになり、拒否しなければ、それはお互いが快楽を楽しんでいることになる。

「フェラチオがある限り、男の優位は変わらない」という、どこかのフェミニストの嘆きを聞いたことがある。底なし沼の劣等感だが、世界中の先進国の男たちが女性化してきていて、女性がするフェラチオも膝を突くことはなくなってきたと思うから、泣くことはないでしょう。

そもそも、セックスで男性が優位になったところで、その前後は女性が実権を握っているのが先進国の家庭なのだ。男女は優位、劣位を繰り返しながら、デートをしているものだ。セックスだけではなくすべての状況で、男（夫）が優位な言動を妻に実行していたら、それは悪徳だし、私だってそんなことはしない。

それに、男性の前に跪《ひざまず》くポーズが性行為の愛撫の一貫だったら、別に女性が屈辱的な姿とは思わない。女の優しさでいいし、膝を突いたりするポーズをやめて、ほかの姿勢をとれば、逆に女性にとって辛い場合もある。

クレオパトラが、兵士たちのペニスを一人ずつフェラチオして鼓舞していた、という逸話がある。

地位の高い女性が男の兵士たち（ピラミッドを建設する人たちかもしれない）のペニスを順番にフェラチオするなんて、伝説の女王としか言えない。

そのときのクレオパトラの姿勢は不明だが、そこに優位、劣位などなく、ただ女の優しさがあるだけではないか。国を守るためにしても、宗教的な儀式の延長にしても、女王が地位の低い男たちを口で抜いていったのだ。

古代エジプトではセックスに神になるという宗教観があったから、優位なのはフェラチオをしていたクレオパトラだったとしても、その時代からフェラチオという行為は存在し、女は男の前に膝を突いていたか、顎が疲れるまで男性を口に含んでいたことになる（女のフェラチオはクレオパトラが初めてだといわれている）。

男性器が、セックスのときに大きく変化するのが神秘的だったとして、その神秘的な肉体の変化を三千年以上、女たちが畏敬していたことは、日本の神社などにペニスの形をしている御神体があることで分かる。ペニス崇拝である。
様々なプロパガンダにより、それは悪徳になり、だけどEDになると、妊活の夫婦は大騒ぎになり、なぜかバイアグラのような勃起薬は認可される。

それはもちろん、製薬会社が稼いで経済に貢献するからであって、経済に貢献するなら、勃起が続くドラッグでもフェミニストたちは抗議しない。

経済とは無関係、またはあまり貢献しない女性が劣位になる。または男たちから目で犯されることだけに抗議している都合の良い連中だ。

話を冒頭の離婚した夫婦に戻そう。
恐らく、彼女が言葉を濁したのは、セックスの時間だったと解釈している。支配されていると言っていたが、要は、「短かった」のだ。
夫が、ベッドの中で挿入して射精して終わり。愛撫もほとんどなく、妻は性欲処理のような状態ということだ。早漏だったら、それこそＥＤの治療薬で勃起を持続させてゆっくりセックスをすればいいのだが、それに応じない夫だったのかもしれないし、愛撫をしたり、女性を楽しくさせたりするのが嫌いな夫だったのかもしれない。夫のサディスト的なセックスで支配されていたのではなくても、離婚をして正解だったと思う。

何事も忙し過ぎる時代。たまに休みがあったら、長い時間ベッドの中でスキンシップをすることが、夫婦の愛だと思っている。

父親として、母親として

赤ちゃんを知ってますか。

知らないでしょ。日本の頭のおかしな女たちは。

見たことがある？

それは「ミッキーマウスを見たことがある」というのと同じことだ。ミッキーマウスの中身は人間だ。

では赤ちゃんの本質のようなものを考えようか。

ルソーの『エミール』（上・中・下／今野一雄訳／岩波書店）を読むと、その頃の赤ちゃんはかなり不自由だったようだが、今の日本の赤ちゃんには、キラキラネームという不自由を親が与えている。キラキラネームとは、親が最初にする子供の虐待である。

地味な人生を送ってきた劣等感のある親が、キラキラネームを付ける傾向にある。特に父親が暴力的で知性がなければないほど、子供にキラキラネームを付ける。

父親の役割としては、まず、もし妻がキラキラネームを付けるような愚行を希望したら止めること。

そう、妻の子供に対する様々な愚行を止めることが男（父親）の役目だ。

例えば産後鬱で赤ちゃんに怒鳴る妻になったらその妻をなだめる、リラックスさせる、一時的に子供を離す、など、様々なアイデアを出して、子供を守らなければいけない。

子供を育てるのは母親で、それは母乳が出るからで、その原理は絶対に覆ることはない。

その母親が暴走したときに、余裕や寛容な姿勢でサポートするのが父親（男）だ。

妻をリラックスさせて子供を抱っこできるようにする。子供は父親に抱っこされたところでおっぱいがないから泣き出す。一時的に泣きやんだからといって喜んでいたらいけない。おもちゃを与えられたから泣きやんだようなもので、いや怖くて泣きやんだのかもしれない。

そんな子供が少しずつ成長してきてから、父親の役割は、やはりピンチに駆け付けることや仕事をしている姿を見せること、正確な意見を語ることだ。

子供は母親に甘えるから、母親のほうにばかり向かう。だからお母さんは疲れる。その疲れを癒すために、旅行ではリードするのも父親の役目だし、疲れている妻を優しく抱くのも弾けさせるのも男の役目だ。

まだまだ乳離れしていない五歳以下の子供を抱っこすることが今の時代の父親の役目になったが、子供は大迷惑。エビデンスはないが、母親の温もりを知らない子供ほど、非行に走るか心の病になると思っている。命を知らずに育つからだ。

無論、子供たちから母親を奪ったのは、かの名高い思想、フェミニズムである。

話は戻るが、キラキラネームなら、女児、少女も被害を受けているのに、そこにフェミニストたちは触れない。男児にも付けているから悪習もＯＫ、というのがフェミニストたちの考え方である。

母親の役割は、言うまでもなく、子供に肌の温もりを教えること。

母親の優しさを教えれば、子供は男女関係なく優しい大人になる。学校の行事の手伝いなどをすれば、そのときに会社に行っている父親との区別がはっきりとして、子供は、父と母の家庭での役割分担が違うことを知るから、社会人になっても合理性を重視するようになるし、判断力も優れてくる。「あなたはこれをして、あなたはこっちをして」という指示もできるようになる。

父親と母親が家庭内で同じことをしていたら、子供は男女の区別さえも付かなくなるが、区別したらいけない時代らしい。しかし、公共施設はもちろん、家庭内でも男女は区別されるもので、トイレはもちろんお風呂も着替える場所も違うし、正直、少年少女の趣味嗜好が違う。

それを「男性社会の押し付け」と言っているのがフェミニストたちだが、少年漫画が好きな少女もいるわけだから、それほど押し付けてはいないのだ。「女の子はピンク色で男の子は黒よ」と言わなくても、ピンクを選ぶ女児が多い。それが五歳以下でも、「男性社会の押し付け」とか言っているから、ステレオタイプはそちらでしょ？としか言えない。

要は遺伝的な志向か脳の構造上の問題で、少女は、いわゆる「かわいい」ものが好きになる。少年ももちろんかわいいものが好きだが、総じてそのかわいいものは、セックスに繋がるかわいいものか、動物である。かわいい色、かわいいぬいぐるみを集める少年などほとんどいなくて、それも男性社会が強制しているものではない。

ウルトラマンの中のかっこいい英雄に憧れて、かわいいヒロインに恋をするわけで、それは押し付けではない。ほかのコンテンツがたくさんあるのに、そちらに向かう少年はわずかしかいないからだ。

何が言いたいのかと言うと、こういうことだ。

父親と母親が本来の男女の姿から余程逸脱しない限り、子供は男女の役割について混乱することはないのだ。

心の病になったとしても軽度で、重い心の病になる少年少女は虐待などを受けている。

父親がエプロンをしてずっとキッチンにいて、しかもその間、母親が缶ビール片手に野球を見ながら、汚い言葉で「おい、早く肉を焼けよ」とか叫んでいない限りは、子供は普通に大人になっていく。

フェミニズムの思想家たちがいくら頑張っても、幼稚園児の女児は砂場で遊び、男児はその周りでプロレスごっこをする。それを女性の先生が止めることで、男の子は女の子が仲裁に入るとケンカをやめることを勝手に覚えていくものだ。

では、仲裁に入った女の子を「邪魔するな」と殴る男の子はどんな家庭に育ったか。

父親が、母親にそれをされていた家庭だ。妻が夫に悪態を吐き、何かの棒で叩いたりしていた家庭で育った男の子は、女性が嫌いだ。女に容赦はない。

先日、ある女性友達が、「前にうちの近所で女児が若い男に誘拐されて殺された事件があったの」と口を開いた。私が「動機は？」と聞いたが「分からない」と。誘拐といっても、すぐ近くであっという間に殺していて、イタズラする時間もかかっていない。イタズラができる歳の女児でもなかった。歩き始めである。

「その男の家庭は母親が暴力的だったのかな」と私は思った。父親もそれに対抗して強ければいいが、やられて頭を下げていただけかもしれない。

このように、男女の姿が本来のものから逆転するほど破綻《はたん》した家庭だと、子供は錯乱する。

「本来のものの根拠がない」と言われそうだが、では昔からある姿ではなく、まともな脚本のテレビドラマなどである、「当たり前の男女」の姿だと言っておく。または友達の家庭の様子でもいい。そんなまともな世間の様子の中に、母親が暴力的で、父親が健康なのに極端に弱っている話はない。

子供の名付けは親としてのスタート地点。もう一度言うが、妻がキラキラネームを付けたがり、それを夫が拒否しても、妻が勝手にキラキラネームにしてしまうことはまずない。
彼氏に惚れて結婚したばかりの彼女は、彼氏の色に染まっていて、「ダメだ」と言われたら引き下がるものだ。キラキラネームは、夫と妻、両者が同意して付けているか、頭の悪い父親が勝手に付けているのだ。
母親の役割は、将来子供に、「ごめんね。お母さんは当時は若くて、お父さんが好きで反対できなかったの。お父さんはいい人だったよ。性格が合わなくて離婚したの。あなたはちゃんとした男性と結婚しなさい。男性は皆が皆、あんな人じゃないのよ」と謝罪することだ。もう離婚しているだろうから、そんな父親の失敗を代わりに謝り、優秀な男はいっぱいいることを大人になってから教えるのが母親の役割だ。

夫婦は、大なり小なり失敗を繰り返しながら子供を育てていく。その失敗の説明を家庭内でするのが母親の役割で、その中には「笑顔」もある。

失敗を「なし」にしてしまうほど奔放《ほんぽう》な姿勢でいるのが父親の役割で、母親の笑顔と父親の強さを見た子供は、「なんだ、大したことないのか」と安堵して、ストレスを一つ減らす。

十八歳までに千回あるストレスの原因を一つずつ減らしていく。

初動から、母親がおっぱいを積極的に上げない姿勢でいたらそれができないが、そんな世の中に誰かがしてしまった。

男女がお互いをリスペクトするために

ネットを検索すれば知れることだが、「里中は男尊女卑のオヤジ」という中傷が散見される。三十代の頃から「お爺さん」とか勘違いされたのだから、彼ら彼女ら（女子のほうが多い）は相当、私の言葉に腹を立てていたのだろう。事例を言うと、「若い女性はスカートをはいて、早めに主婦になったほうがいいよ」などである。それが、平成の十五年から十七年くらいだったと思う。

それから十五年ほど経ったとして、その頃に私を嫌悪していた女子たちは、四十歳をとうに過ぎ、結婚していなければ、果たしてどうなっているのか。中には独身のまま優雅に暮らしてる人もいるかと思うが、男性の友人たちとの会話はどういう内容になるのだろうか。仕事の話だけだろうか。政治の話だろうか。男女平等の問題だろうか。優雅な生活なら、グルメや南の島の話か。

私も女性との恋愛で何度も失敗をしているから偉そうには言えないが、それは誰でもあることだからここは目をつぶってもらいたい。

正直、唯美主義者である私は、なんと少年時代から女性の美しさをリスペクトし、その美しさで戦争や差別がなくなると信じてきた。

本当だ。だから作家になる前はアート風のグラビアを撮影していて、写真集も出版した。今でも小説の挿絵にヒロインたちの綺麗な絵を画家の人に依頼し、その物語のテーマも、「女神」とか「女性を守る」というものだ。

この「女性を守る」という姿勢が、「女をバカにしている」と言われるが、「守る」の何がバカにしているのか全く分からない。道徳的な姿勢だと信じている。そもそも、私自身も病気やケガ（最近、足の靭帯断裂をした）をしたら、女性に守ってもらいたいものだし、助けてもらった。

美しさを敬愛する唯美主義者だと、美しくない女性はどうなんだと、これまた抗議が来るのだが、そんな愚問はやめてほしい。

優秀な男をリスペクトしていたとして、「優秀」という言葉を省いたら、無能で犯罪者のような男たちも、同じ男性という種にくくられてしまう。野蛮な男までも偉い男としてリスペクトしているように思われてしまう。それを女性にも当てはめてほしい。

汚い女をリスペクトはしない。

俗語は使いたくないが、「ブス」という意味ではない。

極端に言うと、少女時代に虐めの加害者だった美女など好きにはならないし、わざと痴漢をされる行為をしていた美女も同様だ。「痴漢らしき男を見つけてその男に近寄って痴漢をさせて逮捕させた」という話を美女がしているのをどこかで聞いたことがある。

そして「女を捨てた女」も論外で、たとえ母親になっても美しい女性はいるものだ。唯美主義的に女性の美しさをリスペクトするということは、心身共に美しい女性という意味で、それは男のことで言うと、優秀な男、紳士な男、責任感のある男、それでいてほのかに筋肉質な男となる。

何事も、「全部」ではない。

私が十五年前くらいから語っているジェンダーの問題もフェミニズムの問題も、「全部」ではない。全否定でもなければ全肯定でもない。「総じてこんな感じ」「こうしたほうが無難だし、私はそれを勧める」ということだ。

ここで私が男女がお互いをリスペクトしてほしい、というテーマを書くのは、令和になる前から、男女平等ではなく、女と男のケンカになっているからだ。まるで日本と韓国のよう。

俗な事例で言うと、「おはよう。今朝はいつもよりかわいいね」と男子社員が言ったらセクハラだとして、その女子社員が「セクハラされたよ」と別の社員に言う。「かわいいね」と言った男子社員は、「あんなブス、ちょっと褒めてあげただけだ」と怒り出す。

こんなことが昔にありましたか。

どちらかというと、これは私の私見ではなく、フェミニズムに毒された女性からの攻撃がほとんどだ（言葉の攻撃）。例えば、「男たちはこうして女を抱かないとダメなのよ、分かる？」と上から目線のセックスの話をフェイスブックで拡散したりする。それに同意するのは、ほとんどがイクメンや共働きを目指している男たちで、成功者の気の強い男が、「そんなセックスじゃ勃たないよ。男の体を知っているのか」とストレートな反論すると、「あんたは女をレイプしているようなもんだ」と返ってくる。

二言目には、「レイプ」とか「男女は対等だ」とか、もっと汚い言葉で、「男根主義の話は聞かない」とか、そういう論理破壊が始まる。「恋人同士だと呼吸が合っているから、いちいち『コーヒーに砂糖を入れますか』って始まり方のセックスなんかする必要はないんだ」と反論しても、「レイプ」「ＡＶマニア」という俗語が返信されてくるかブロックされる。

もちろん、真面目な男たちからも、「一回、一回、きちんと相談してからセックスをするべきだ」という意見もあって、それも正しいと思う。私だって、彼女の体調が悪いときは「今日はやめておくか」とよく言う。それ以外の細かい行為の前の話し合いがどんなことか私には分からないが、正直、男性の体調を相談しているという話を彼女たちからは聞かない。

男たちはこう考える。

「それで勃起するのか」

「労働してきた直後で射精したときに疲れないか」

「射精する箇所を指定するが、そんな器用なことができるのか」

「一週間以上、射精していないが、どうすればいいのか」

など。

もちろん前述の女たちは、最後のことでは「自分の手でやりなさい」と厚顔無恥《こうがんむち》に言う。

まだ若いトム・クルーズが映画『ハスラー2』に出演した頃からか、「自分の手でやれ」という女が増殖した。男がそれを好きなら大いに結構だが、「君を抱きたい」と言っているのに、「私はあなたの性欲の処理をする女じゃない。話し合いましょう。それまでは自分の手でやって」ということだ。


愛など全くない。

結局、男と女が睨み合うことが本当に多くなった。

ただ、リスペクトできる男性がいないとして、それも大きくうなずける。例えば、ネットビジネスで大成功している男たちをリスペクトしているのは、ほとんどが同性の男。若い男たちだ。女性たちがリスペクトする男の条件が、家事も手伝い、育児も手伝い、稼ぎもそれなりで優しいということだとする。それに鬱状態になっている男たちがほとんどだという調査結果も出ていて、それがまた失笑する結論で、「彼らは男らしさの呪縛から逃れられないからだ」と、結局、男らしさの除菌に必死のフェミニズムだ。

男らしさの中に、「勇気」があったとしよう。

家族や恋人のために命懸けで頑張る勇気や、同じ男たちの暴力行為を見て見ぬふりをしない勇気。ケンカをしろとは言っていない。警察に通報する勇気すらもない。それに対して、女たちが、「そこにいた男の人は子供を助けなかったのか」と言ったところで、普段、「男らしさ」を除菌活動していて、人類始まって以来のその男の行動力を「悪」と決めてしまった女たちの責任とも言える。

そもそも、「男らしさについて苦悩する夫」など、まさに、リスペクトできない男として、その夫は見切ればいいでしょう（氷川《ひかわ》きよしさんのような男性は除く）。でも、女たちはそんな夫が優しく見えるのだろうか。

プラトンからでもいいから、哲学書を読めばいい。男と女が明確に違うということが書いてある。時に神格化した話では男女が混在することがあるが、男と女は二千年間違う人間だった。

その結果、世界中の女性たちが苦しんだのだろうか。

そうかもしれない。しかし、その問題はほとんど解決している。

日本で言うと、女子トイレも整備されたし、子供たちのプールにも監視カメラが付き、まさに育児休暇なども充実してきた。

解決したといっても、これらを完璧にすることはできない。

私がいつも言っているが、何事も「ゼロ」にはできない。だが、女性解放運動は、その目的をゼロに近づけることに成功した。

その後、することがなくなったフェミニストたちは、男たちよりも優位に立つことを目指すことにしたのだ。

男女平等ではなく、女性優位にしたがっているのだ。

裁判は平等ではなく、女性に甘く（すべてではない）、ハニートラップは、「騙された男が悪い」という風潮はほぼ当たり前になっているから、美女たちの高級料理の食い逃げが当たり前になった。ほぼ詐欺行為に近くても、もし詐欺に該当しても、警察は相手にしてくれない。私に経験がある。

ある女に、「お金を貸してほしい」と泣き付かれた。一度しか会ったことがないし、体の関係もないが、あまりにも悲壮だったから五十万円ほど貸したら、それきり連絡が取れなくなった。数万円だけ口座に返済されていて、警察から「数万円返したことによって詐欺に当たらない」と言われた。「それが詐欺の手口でしょう?」という私の反論は聞いてもらえない。

しかし、これが男女逆だったらどうか。

ほかにも、様々な物品を女性に奪われた。そのたびに「男が悪い」と言われた。私は、「なるほど、男の歴史が悪くて、ずっと女性に謝罪を続けて、詐欺のような行為にも我慢しなければいけないんだ」と思い、人類史の勉強を始めた。昔の偉人たちの本には、女性を蔑視している言葉が散見されるが、逆に女神のように敬愛している言葉もいっぱいある。

先に書いたように、相手によるのだ。心が汚い女は嫌われて当然だし、美しい女は愛される。それを、「すべての女を大切に扱え」という世の中にした。

悪いことをした女も擁護し、守り、罪を軽くする。または罪も罪ではなく男のせいにする。青春ドラマで有名になった俳優のKさんは、本当に悪いことをしたのか。男女平等のはずが、男たちにばかり重い罰や中傷が与えられる。

その結果、街とネットは男と女の戦争になってしまった。口にしなくても、「彼女、女じゃないだろ」と笑っている男たちは多い。

昔……昔と言っても、もういつか分からない。平成の最初の頃までか。

「あいつ女じゃないよ」という悪口はなかった。

女は女だった。

「ブスだ」「デブだ」「性格が悪い」はあったのだ。だが、「あの子、女じゃなくてオスだろ」はなかった。普通のスタイルをした女子に対してだ。性格がきつく自己中心で、まるで群れている野生動物のリーダーのよう。それで「オス」と言われてしまったのだ。


男女がお互いの男らしさ、女らしさをリスペクトするにはどうすればいいのか。残念だが、どうすることもできない。


フェミニズムという思想は定着し、まだまだ暴走を続けていて、それを政府も手伝っているはずだ。選挙に関わるからである。

辛うじて、美の産業が残っているが、それは例えばインスタグラム。

私の提案は、日本人なら日本語を美しく戻せばいいと思っている。女子は、優しい言葉遣い。私の友人の優しい女性たちは「ガッツリ食った」とか言わない。

男たちは、力強い言葉を多用する。暴力的な言葉ではなく、冷静な言葉だ。

それを男女が意識していけば、なんとか日本は、人類は存続していくだろう。

【著者紹介】
里中李生　（さとなか・りしょう）
本名：市場充。三重県生まれ。作家、エッセイスト。20歳の頃に上京し、30歳から写真家、フリーライターを経て作家活動を始める。時代に流されない、物事の本質を突いた辛口な自己啓発論、仕事論、恋愛論を展開する。「強い男論」「優しい女性論」を一貫して書き続け、タブーにチャレンジするその姿勢は、男女問わず幅広い層から熱狂的な支持を得ている。ベストセラーやロングセラー多数。著書の発行累計は270万部を超えている。代表作に『一流の男、二流の男』『男は一生、好きなことをやれ！』『この「こだわり」が、男を磨く』『男が女に冷めるとき』（以上、三笠書房）、『「孤独」が男を変える』（フォレスト出版）、『男はお金が9割』『一流の男が絶対にしないこと』『男の価値は「行動」で決まる』『大人の男は隠れて遊べ』『成功者は「逆」に考える』（以上、総合法令出版）、『「孤独」の読書術』（学研プラス）。web小説『衝撃の片想い』も好評連載中。

◆里中李生オフィシャルウェブサイト
http://www.satonaka.jp/

装丁　和全（Studio Wazen）
ブックデザイン　大口太郎
DTP　横内俊彦
校正　矢島規男

成功する男は女を守る

2020年2月22日　初版発行

著　者　里中李生
発行者　野村直克
発行所　総合法令出版株式会社
〒103-0001 東京都中央区日本橋小伝馬町15-18
ユニゾ小伝馬町ビル9階
電話　03-5623-5121

印刷・製本　中央精版印刷株式会社

落丁・乱丁本はお取替えいたします。

ISBN 978-4-86280-729-8

総合法令出版ホームページ　http://www.horei.com/